德国经典知识大百科

它们都是怎么来的？

［德］ 卡洛琳·昆策尔（Karolin Küntzel）
卡特勒恩·里希特（Kathleen Richter） 著

封诚诚 译

人民东方出版传媒
People's Oriental Publishing & Media

东方出版社
The Oriental Press

图书在版编目（CIP）数据

德国经典知识大百科. 它们都是怎么来的？/（德）昆策尔著；封诚诚译.
—北京：东方出版社，2015.5
（百科知识问答）
ISBN 978-7-5060-8199-3

Ⅰ.①德…　Ⅱ.①昆…②封…　Ⅲ.①科学知识—青少年读物　Ⅳ.①Z251.6

中国版本图书馆CIP数据核字（2015）第106982号

Published in its Original Edition with the title
Wo kommt das her? - Vom Rohstoff zu T-Shirt, Apfelsaft und Co.:
Produktionsabläufe anschaulich erklärt
by Karolin Küntzel 2014
Copyright © Compact Verlag GmbH
This edition arranged by Himmer Winco
© for the Chinese edition: Oriental People's Publishing & Media Co., Ltd

德国经典知识大百科：它们都是怎么来的？
（ DEGUO JINGDIAN ZHISHI DABAIKE：TAMEN DOUSHI ZENME LAIDE？ ）

策 划 人：黄　娟
作　　者：[德]卡洛琳·昆策尔
绘　　者：[德]卡特勒恩·里希特
译　　者：封诚诚
责任编辑：刘　亚
出　　版：东方出版社
发　　行：人民东方出版传媒有限公司
地　　址：北京市东城区朝阳门内大街166号
邮政编码：100706
印　　刷：北京捷迅佳彩印刷有限公司
版　　次：2015年10月第1版
印　　次：2015年10月第1次印刷
印　　数：1—5 000册
开　　本：889毫米×1194毫米　1/16
印　　张：9.75
字　　数：230千字
书　　号：ISBN 978-7-5060-8199-3
定　　价：48.00元
发行电话：（010）64258117 64258115 64258112

前言

橡胶鞋不长在树上，薯片也不长在包装袋里。当然了，这两样东西你都可以在商店里买到，那么你会问了，它们到底从哪儿来，是如何制作而成的呢？答案就在这本书里！我们将会带你展开一次次的发现之旅：下至地下深层的银矿、盐矿，上至树木高处的可可和椰果，中间还可以去看看田地里的油菜籽和甜菜。假如这个世界上没有动物和植物，那么许多你每天都在使用的东西都不会存在了。止咳糖浆、香水、书桌，都会变得很珍贵。单单用石头就能制作出品种数量惊人的产品来，首饰和石膏绷带只是其中的两种。

3

本书的六个章节将会深入探讨"它们都是怎么来的？"这个问题。全书包括你生活中的六个方面：食品、饮品、在学校、在业余时间、在我家、我的衣服。你来找一找，原料蕴藏在哪里，粮食生长在哪里，它们是如何被加工，又经过了哪些工序才最终进入商店供你选购的呢？

准备好了吗？请开始吧！祝你阅读愉快并有所收获！

目录

5

食 品

　　当你每天早上坐在餐桌旁，看着那些你最爱吃的食物时，有没有想过这些美食都是从何而来呢？混在麦片里的香蕉、涂在面包上的蜂蜜，还有撒在早餐鸡蛋上的盐都是从哪里来的？有一些食物可能就来自我们身边的某一个角落，但是大多数的食物都是历经相当远的旅程才能来到我们的餐桌。有哪些食物是这样的呢？

早餐鸡蛋上的盐是从哪里来的?

炒鸡蛋、荷包蛋，还有煮得硬硬的早餐蛋里如果没有盐就会淡而无味。同样的，面条里不加盐、汤里不放盐，你都会不喜欢吃。许多菜肴都是用盐来调味的，超市里的许多食品中也含有盐。但是盐究竟从何而来呢?

盐从海里来

如果你已经去过海边，那么你一定知道，海水是咸的。但是其实，并不是所有的海都是一样咸的，也不是每片海洋里都含有盐。海里之所以有盐，是因为几十亿年前，土壤中的水分慢慢蒸发，盐类物质就留在了表面。雨水将这些盐类物质从岩石上冲刷下来，并随即流入大海。

8

盐从地下来

一些原始海洋干涸，又会遗留下几米厚的盐层。当暴风雨袭来，泥沙便会堆积在盐层表面。就这样，在几百万年的发展进程中，盐类物质被埋藏在几千米深的地下深层中。

多盐——少盐

北海和大西洋的盐含量为 3.5%，这相当于一升水中含有三汤匙盐。然而在同样容量的东海中就只有一汤匙盐，而在同样容量的死海海水中竟然含有高达 23 汤匙盐。如此丰富的含盐量!

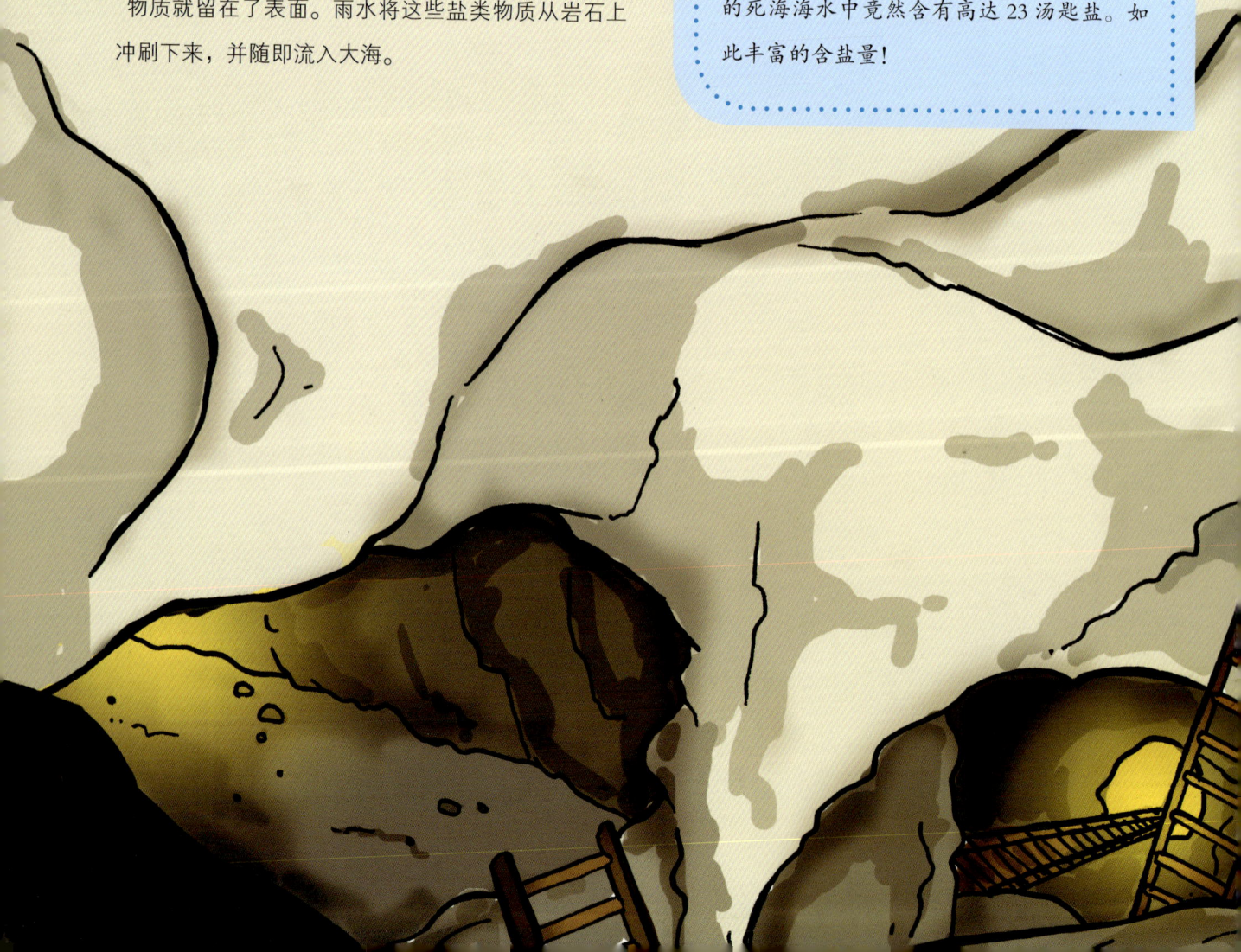

盐在山里

大山之中也埋藏着厚厚的盐层。你也许会问，它们究竟是怎样形成的呢？是由于地壳运动。地壳运动会引发大陆板块移动，即使是今天也同样会发生。在地壳运动的过程中，盐层被移动到其他岩石层下面，因此，想要得到这些盐就不那么容易了。人们必须像挖煤一样，把盐从地底下开采出来。

在盐矿

为了探入到盐层，就必须往地下深处钻一个矿井。通过矿井，机器和矿工就可以进入地下，然后再从这一点出发继续向下挖掘直至进入盐层。在地下，首要要求是有足够的空间开展开采工作。人们会用特殊的钻机钻出许多孔，然后在这些孔里放入爆炸装置来将部分盐层炸开，这样地下就形成了巨大的空间，还有逐渐加长的通道。通道里可以通车，所以这里甚至会有交通指示牌。

盐块的精细化处理

被炸开的盐层碎块还是巨大的，人们会用挖掘机把盐块运走，然后捣碎、蒸发，并运出矿井，送上传送带。再通过传送塔，最终到达地上。接下来，将碎盐块进行精细化处理，打磨和蒸发，直到成为纯净的、等重的细小颗粒。这时，它看上去就像撒在你早餐鸡蛋上的盐粒了。

9

蒸发制盐

你有没有注意到超市里的盐袋上会有一个"晒制盐"的标志？这是什么意思呢？这是一种获取盐的方法。大部分来到我们餐桌上的盐都是通过这种方式在盐场中获取的。那里有富含盐分的源泉或者布满小孔的盐岩，小孔可供水流通过，从而生成盐水。盐水在盐场中被加热、蒸馏。水分在这个过程中被蒸发，盐分凝结成晶体。当水分完全蒸发掉时，盐就晒好了，接下来过滤，然后装袋。

10

蒸发池：水分蒸发，盐分结晶

矿盐

你知道吗？在矿山中开采出来的盐可以用来生产塑料、玻璃、肥皂和牙膏。冬天的时候，还可以用作马路上的融雪剂。

海盐

在南部温暖的海边国家，人们还有第三种获得盐的方法，那就是直接从富含盐的海水中获取。人们不必向极深处挖掘，也无须使用巨型机器。因为这种获取盐的方式，大部分的工作都由太阳来完成。太阳将海水中的水分充分蒸发，剩下的就是盐了。你也可以自己尝试一下！将几勺盐溶解在水里，再将盐水倒入浅底的小碗中，并置于太阳光下。观察一下，会发生什么？

在盐田

海盐是在盐田中制取的。盐田通常是指积满海水的平坦泥洼地。海水在洼地中处于静止状态，水中的海藻和泥沙慢慢沉入洼地底部，于是海水变得相对较清。然后将这些相对较清的海水引入另一个洼地中继续纯化。直到在最后一个洼地中，海水中的水分全部蒸发掉，便形成了盐的结晶体。

位于秘鲁的巨大盐田

皮肤表面的盐

你会发现每当我们在海里游过泳上岸后，皮肤表面都会产生一些白色晶体，它们的形成与盐田晒盐的原理是一样的。海水中的水分在皮肤表面蒸发后，一层薄薄的盐分就滞留在了皮肤表面。这些凸凹不平的晶体就像砂纸一样，会让我们感到皮肤有些摩擦的疼痛。所以在海里游泳之后最好用糖水将身上的盐水冲掉。

盐工

盐工负责把盐田里晒制好的盐先堆成一个个小堆儿，然后汇集成一个大型的盐山，再把这些盐运往工厂。像矿盐一样，海盐也需要在包装之前接受彻底净化，最后进入我们的家附近的超市。不过海盐总是有些潮湿，而且是粗粗的颗粒，要比普通食盐贵。最负盛名的顶级海盐是法国的"盐之花"（"Fleur de sel"）。这种海盐只能以传统手工采收，因此格外珍贵。

11

牛排上的胡椒粉是从哪里来的？

除了盐之外，胡椒粉也是家居生活中最重要的调味料。你在每一个厨房和餐厅的餐桌上都能找到它。几乎每一道菜的烹饪都会用到胡椒粉，它就像是万能调料，是调料中的"小能手"。现在你只需要几欧元就能在商店买到这种万能调料，而在过去，它被称为"黑色黄金"，是非常珍贵的。

胡椒地

胡椒起源于南印度的森林。现在，印度尼西亚、印度、马来西亚以及巴西是胡椒的主要出口国。此外，在泰国、越南和刚果也有一些小型胡椒种植地。

12

胡椒之路

过去，在还没有火车和汽车的时候，荒漠商队只能骑着骆驼通过陆路，千辛万苦地将胡椒从亚洲运输到欧洲，旅途艰辛而且危险，于是胡椒变得十分珍稀和昂贵，只有富人才能够负担得起这种调料。你能想象一小把黑色颗粒就能象征富有了吗？直到葡萄牙航海家瓦斯科·达·伽马（Vasco da Gama）（约公元 1460–1524 年）开辟了印度直达欧洲的海路之后，胡椒的运输才变得便利，进而价格也变得低廉了许多。

胡椒袋

在过去，人们轻蔑地把以贩卖胡椒和其他调料为生的商人称为"胡椒袋"。

不只是调味料

也许你会问，为什么胡椒在过去那么重要。其中的一个原因是过去的调料种类比今天少得多。大多数的调料都从很远的地方运输而来，所以价格会贵很多。但是胡椒之所以重要，还有另一个原因，那就是人们可以用它使食物保存的时间更长。那时还没有冰箱，食物总是会很快腐烂变质。

胡椒是如何生长的

胡椒是一种藤蔓植物，需要攀缘于树木或其他支持物向上生长，高度可超过 10 米。但是通常人们只会让它长到 3~4 米，因为只有这样才能结出更多的果实。胡椒的穗条最长可以达到 15 厘米，穗条中结出的浆果就是胡椒粒了。

胡椒的颜色

当胡椒浆果成熟的时候，颜色就会由黄变红。在商店里，你可以买到不同颜色的胡椒，有黑色的、白色的、绿色的和红色的。然而所有种类的胡椒都结于这种灌木。

胡椒长在哪里

你知道"你到长胡椒的地方去吧"这种说法吗？人们用这句话来表达希望让自己受不了的人离得远一点。

13

黑胡椒

黑胡椒的味道强烈且有香气。制作黑胡椒使用的是胡椒藤上未成熟的浆果。人们把从树上收割下来的穗条铺在一张垫子上，赤脚踩在上面，这样浆果表面的果皮就会脱落。但是人们也可以在藤茎干枯之后再采摘浆果。接下来烘干浆果，把浆果在垫子上铺成薄薄的一层，然后置于太阳光下暴晒，再偶尔翻动一下。接受过日光浴的洗礼之后，浆果的表皮会变得皱皱的，颜色也会变黑。

白胡椒

白胡椒比黑胡椒的味道温和，是干燥的、近乎成熟的胡椒果实。收割之后，把浆果泡进水里，这样绿色的外表皮会更容易与种子分开。然后将种子烘干，并置于阳光下脱色。

带浆果的胡椒植株

绿胡椒

绿胡椒是所有胡椒种类中最温和的，且味道清新。绿胡椒同黑胡椒一样，都是用未成熟的浆果制成的，要经过采摘、干燥、食盐水或醋腌制的过程。你会发现，摆在超市货架上的绿胡椒不是装在塑料袋里，而是盛在玻璃瓶里。那小小的颗粒看上去就像是醋制白花菜芽。

红胡椒

红胡椒与黑胡椒一样味道非常强烈。红胡椒浆果在完全成熟之前会一直保留在灌木丛上，成熟之后，浆果会变成红色。红胡椒浆果可以像黑胡椒那样被干燥，或者像绿胡椒那样被浸于食盐水或醋中。

胡椒之旅

胡椒打包之后会运往其他国家。干燥的白胡椒、红胡椒和黑胡椒装袋，绿胡椒和被浸泡的红胡椒则装入容器内储存，直至到达目的地后再进一步加工：在加工调料品的工厂中净化、碾磨、分份儿和包装。胡椒粉被装入小塑料袋、罐头瓶或玻璃瓶之后就可以摆上超市的货架了。

都是胡椒吗?

你可能在市场上见过粉红色的胡椒，它经常混在五颜六色的胡椒里。但是它与黑胡椒、绿胡椒、白胡椒和红胡椒所生长的胡椒树完全没有关系。这种粉红色的坚果生长于巴西和秘鲁的胡椒树上，但其实它根本不属于胡椒。还有味道非常浓烈的卡宴胡椒也只是名字中包含胡椒而已，其实它是用辣椒研磨而成的。

15

碾磨

现磨的胡椒味道最好。胡椒粒磨得越精细，胡椒的香气就散发得越快。所以在做菜时你应该最后再放胡椒粉，最好是用碾磨机现磨或在研钵中研碎。它与肉排是绝配，吃肉排时可以加入带汤汁的绿胡椒或者碾磨出来的彩色胡椒粉。

蜂蜜是怎样装进罐子里的?

几千年来，蜂蜜一直是人们趋之若鹜的食品和药材。它可以单独食用，也可以抹到面包上，用来烤蜂蜜面包，或者加到水里使水变甜。蜂蜜有抗炎的功效，比如它就有助于感冒尽快康复。但是如果要达到这样的功效，蜜蜂的工作量可就大了。

16

蜜蜂住在哪里

蜜蜂住在蜂巢里，蜂巢里布满了巢房。蜜蜂通常会把蜂巢建在岩石缝隙、岩洞之中或者大树上。过去，采蜜对人们来说是相当困难的事情。因为在当时，想要采蜜就必须摘掉整个蜂巢。这是十分危险的。家园遭到侵袭，不计其数的愤怒的蜜蜂会一起飞向你，蜇你。而且原有的蜂巢被破坏，蜜蜂们就不得不建造新的蜂巢，所以在它们重新产蜜之前需要等待很长时间。

篮子里的蜜蜂

想要定期采蜜，就要养一群蜜蜂。所以人们想出了一个主意，那就是给蜜蜂建造一处新的住房。人类给蜜蜂建造的第一批住房是用树干制成的，很重。后来人们改用藤编的蜂巢，藤编蜂巢虽然在重量上很轻，但是它牢牢地贴在墙上，要用很大的力气才能把它摘下来。

蜂箱

现在，养蜂人都用一种木质的长方形箱子来养蜂。箱子的框架上悬挂着蜂巢。当蜂巢中大部分的巢房都关闭，蜂蜜都酿制完成的时候，养蜂人就会把箱子里的巢框取出。这样一来，蜂房不会被移动，蜂群也几乎不会被打扰。人们把这种箱子叫作蜂箱。蜂箱可以固定在某一个地方，也可以从一片郁郁葱葱的草坪挪到另一片草坪上。

没有蜜蜂的生活

没有蜜蜂就没有蜂蜜，这是符合逻辑的。但是你知道吗？如果没有蜜蜂，也不会有水果。蜜蜂从一棵树飞到另一棵树的过程中传播了花粉，使雌蕊受精。只有这样，果实和浆果才能顺利生长。

17

蜂场

当你听到成群结队的蜜蜂离巢的时候，就预示着春天来了。它们飞翔在田地的上空，发出嗡嗡的声音，把喙浸入番红花等春天的花朵中采集花粉。晚些时候，蜜蜂还会飞向盛开的果树，采集夏花和秋花的花粉。蜜蜂最忙碌的地方，就是酿制蜂蜜的地方。如果蜂巢坐落在油菜籽田，那么养蜂人采的就是油菜籽蜂蜜；如果附近有许多椴树，那么蜜蜂酿制的就是椴树蜂蜜。

采花入巢

蜜蜂用喙将花蜜吸出，装入胃中，更确切地说是装入蜜囊中。之所以称之为囊，是因为花蜜在这里不会被消化，只是储存在这里。蜜囊装满时，蜜蜂就会飞回蜂巢。采集蜂回巢之后会把花蜜从蜜囊转移到喙上，再吐给内勤蜂。花蜜在从喙到喙的过程中又加入了蜜蜂体内的分泌物，从而发生了转化。这听起来不那么可口？也许是吧，但是只有这样，蜂蜜才成为健康食品且能长时间保存。

巢房密封盖

蜜蜂酿出的蜂蜜会被填充到蜂巢的巢房里，要想填满一个巢房，需要许多蜜蜂共同努力把酿好的蜂蜜填入这个巢房中。蜂蜜是流动的，为了使蜂蜜更加黏稠，工蜂会振动翅膀，让巢房上方产生气流，这样，潮湿的空气就被排出巢房，并在温暖的蜂巢中蒸发掉。当蜂蜜装满巢房且足够黏稠时，蜜蜂会用一层薄薄的蜡当作盖子把巢房密封住。

飞行马拉松

采集花蜜是一项十分辛苦的工作，蜜蜂采集 1500 朵花才能获得 1 蜜囊花蜜。为了酿制 1 罐蜂蜜，一只蜜蜂需要飞行 120 000 公里，这一路程可以绕地球三周。

收获蜂蜜

养蜂人会通过关闭的巢房的数量来判断蜂蜜是否成熟。待蜂蜜成熟后，他会小心地取出巢框，再插入新的巢框。为了让蜜蜂留在蜂箱中，养蜂人会用一种特殊的烟枪或喷烟器吹巢框上的蜜蜂。即便如此，仍然还有蜜蜂待在巢框上，养蜂人会用短柄扫帚小心地把它赶回蜂箱中。

做好保护措施

为了不被蜜蜂蜇到，养蜂人会穿上特殊的保护服。养蜂人的保护服由光滑的白布制成，袖口与裤管口用松紧带扎紧，以免蜜蜂钻入。另外，养蜂人还会戴一顶带面纱的帽子，还有手套。

分离程序

取蜜时，养蜂人会用割蜜刀切除蜂房表层的封盖蜡。然后放入分蜜机中，分蜜机的工作原理与离心式脱水机相似。通过快速旋转，蜂蜜因离心作用而从巢房中分离出来，流向滚筒边缘并最终从滚筒口的过滤塞流出。接下来再放入能进行精细过滤的过滤机中把残留的蜡块过滤掉。然后蜂蜜就可以装罐销售了。

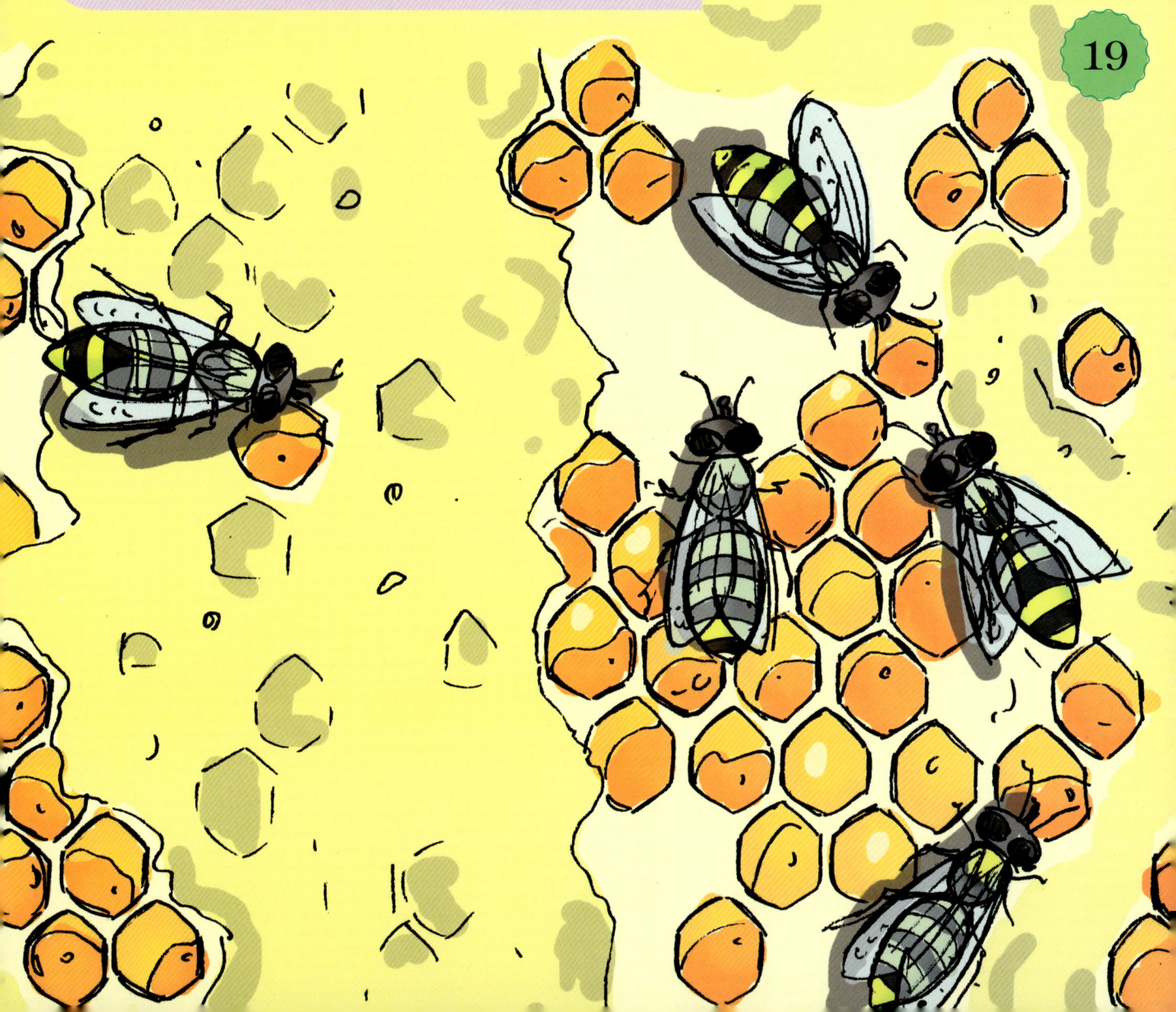

19

沙拉里的油是从哪里来的？

你在自家的厨房里一定能找到各式各样用于煎烤烹炸以及拌沙拉的油。当你看油瓶上的标签时会发现，油是用不同的植物和果实制作而成的。比如食用油大多来源于橄榄、油菜籽和葵花籽。但是油是怎样从植物中提取出来的呢？

是谁想出的主意？

20

橄榄是地球上最古老的人工培植植物之一。人工培植的植物是指特地培植出来供人们使用的植物。橄榄已经有超过8000年的历史了。埃及人、希腊人和罗马人认为橄榄有食用价值和药用价值。相反，人类自大约4000年前才开始为了榨油而种植油菜，这种植物从亚洲传入中欧，自14世纪开始在中欧种植。用葵花籽榨油的历史就更短了，虽然欧洲自16世纪初就有了这种植物，但是用它榨油是从19世纪才开始的。

油藏在哪里？

油是从植物的果实或者种子中提炼出来的。含油量最丰富的要数玉米、核桃和橄榄。橄榄树也被称为油树。从用来制作玉米粉的玉米胚芽中提炼出来的油叫作玉米胚芽油，从核桃仁里提炼出来的油就叫作核桃油。还有其他一些典型的用种子制作的油，有油菜籽油、葵花籽油、红花籽油和亚麻籽油。

收获橄榄

提取橄榄油的程序相当简单，过去几千年都没有改变。整个夏天，橄榄挂在高高的树上开始发育并逐渐成熟。冬天，当橄榄由绿色变成紫色或者黑色时，就到了收获的时刻了。橄榄种植者会事先在树下铺好网兜，待橄榄成熟自落，再用树枝制成的耙子把橄榄收集起来。橄榄落入网中后会被就地分拣，农夫会把小树枝和叶子挑出来。接下来橄榄入袋，并被送入榨油作坊。

21

橄榄实验

如果橄榄还是绿色，没有完全熟透，那么你只能用它榨出少量的汁液，因为此时的橄榄太硬了。成熟的、深色的、软的橄榄含有的油更多。橄榄油的香气也会有所不同。收成早的橄榄提炼出的油香气更浓烈，收成晚的橄榄提炼出的油香气较温和。

橄榄被磨碎

榨油机

橄榄在榨油之前，还需要除去残留其中的树叶和树枝，然后清洗。人们把带果核的果实用机器粉碎，再把碎屑摊到圆形的藤编垫子上，一层橄榄碎屑，一层垫子，再一层橄榄碎屑，就这样一直码到第40层，全部垫子相互叠加。接下来用力挤压垫子塔，直至出油。

橄榄油装瓶

挤压垫子流出的油还不是成品，因为其中还混有橄榄的水分。水分必须从油中分离出来。将水油混合物置于一个容器内一段时间，油会聚集，浮于水表面。另外一种使两者分开的方法是使用离心分离机——一种大型的使油因离心作用从水中脱离的机器。接下来纯净的橄榄油就可以装入瓶中了。

自己尝试一下

在装有水的玻璃杯中混入油，然后用力搅拌这两种液体。接下来静置玻璃杯，稍等片刻你会发现，玻璃杯中出现了两层。上层漂浮着油，下层则是水。

精炼油菜籽

春天，黄灿灿的油菜花田非常好看。用油菜籽的种子榨取的油叫油菜籽油。油菜籽要先洗净、干燥，然后进入榨油作坊在螺旋挤压机中压榨、过滤。你可以把螺旋挤压机想象成一个巨大的绞肉机。对油菜籽热压会比冷压提炼出更多的油，热压也就是专业人士所说的精炼。

冷压榨

油菜籽也可以被冷压榨。冷压榨油比热压榨油的营养价值更高，因为热压时的热量会破坏油菜籽中的营养成分。冷压榨油的味道好，气味比热压榨油更浓。因为经过冷压榨生产出来的油量少，所以价格会高一些。冷压榨油的标签上都会有"天然油"的字样。

向阳

你注意到了吗？向日葵的身体总是朝着太阳的方向转动。从葵花籽中也可以提炼出油，即葵花籽油。一个向日葵的花头最多可以产2000粒葵花籽。像油菜籽一样，葵花籽也可以被冷压榨和热压榨。冷压榨油尝起来有点涩，热压榨油的味道更适中一些。

蒸煮烹炸，还是拌沙拉？

你可以根据自己的口味选择在沙拉里放哪种油。冷压榨油的味道更浓，而且更健康，但是却不适合煮菜或煎肉，因为冷压榨油承受不了高温。

23

猪的美食

种子经过压榨之后的残留物会再被压制成饼，人们将其称为压饼。压饼中只含有少量的油，但是却富含蛋白质。压饼通常会用来喂猪。

薯片是如何装入包装袋的?

薯片有许多不同口味：原味、香辣味、海盐味、胡椒味和麻辣味。你最喜欢吃哪种口味的薯片？除口味外，薯片的形状也会有所不同。有些卷成卷，有些则带有波纹。但是它们都有一个共同点，那就是它们都是用马铃薯做的。

24

地里的块茎

马铃薯生长在地下。马铃薯不是靠种子繁殖，而是用块茎繁殖。农民把块茎埋入松过土的土地中，然后在上方堆出垄堆。渐渐地，母块茎中就会发育出新的马铃薯。你自己也可以试一下！春天把一些块茎埋入地下。当秋天长出的叶子枯萎时，你就可以收获马铃薯了。然后数一数，一个块茎长出了几个马铃薯？

播种期

马铃薯的种植面积通常很广阔。人们使用巨型农机来进行松土、起垄、除去地里的石块、种植马铃薯。几个星期之后，你就可以在田间看到第一批绿油油的植株长出地面了。植株会快速长高，并开出漂亮的白花或粉红色小花。

收获马铃薯

马铃薯在农民伯伯看不到的地下生长着，而农民伯伯则悉心地照看着这片土地。他用培土专用的犁把马铃薯植株旁的土堆起，给地施肥，还会定期检查块茎长了多少。收成的第一标志就是地上的植株枯萎。如果块茎呈金黄色且饱满圆润，那么就可以收获马铃薯了。

一种植物——多种名字

马铃薯在不同地区会有不同的名字。比如它可能叫土豆、地蛋、洋芋、薯仔、地豆子或者馍馍蛋。

25

马铃薯收获机

马铃薯收获机可以帮助农民伯伯收获马铃薯。农民伯伯开着马铃薯收获机蹚过地垄，土壤就会连同马铃薯一起翻入收获机。你可以把它想象成一台巨型吸尘器。接下来在机器内部把土壤和马铃薯分离，筛除泥土和石块，并将马铃薯植株与块茎分离。清理干净后，马铃薯被储存在收获机的储斗，即一个巨大的容器里。有时收获机旁还会有一辆运输车同行，用来接过清理干净的马铃薯。

挑出坏马铃薯

从田间到工厂

收获的马铃薯被送入薯片厂。在那里，马铃薯坐上了长长的运输带，在制成松脆的薯片之前还要经过许多道工序。首先是清洗！将马铃薯放在一个巨大的滚筒清洗机里洗去泥土。然后马铃薯继续回到传送带驶向去皮工序。旋转刀片从四面八方削掉马铃薯表面的皮。坏掉的马铃薯会在这一站被剔除出来，或者人工去除坏斑。

切片

接下来用锋利的刀将马铃薯切成薄片，并再次进行清洗。将马铃薯切片放入巨型炸锅之前，要先沥干，因为潮湿的马铃薯在热油中会发生迸溅。马铃薯片在高温油锅中逐渐变成金黄色，此时捞出沥干油，或者利用离心作用甩掉表面的油。接下来的工序是加调料。将炸过的马铃薯片送进一个大型的滚筒里，然后边加入调料，边滚动滚筒，使马铃薯和调料得到充分混合。

为什么薯片是弯曲的？

薯片是在烹炸的过程中变弯曲的。热量将马铃薯里的水分带走，薯片收缩，于是就变弯曲了。

26

一下、一下地装进包装袋

把薯片定量分份儿的工序是全自动进行的。薯片通过漏斗掉入特定的容器内。计算机程序会计算出每个容器的重量。只有当容器内的薯片重量达到事先输入的一包薯片应有的重量时,薯片才会被装入包装袋。

制作一个包装袋需要多长时间?

在面包店,售货员会按照你的要求把一定数量的面包装进成品包装袋中。与之不同的是,薯片包装袋是在装薯片的时候才制作出来的。机器把包装袋的底部和两侧接合起来,适当剪裁,然后再装入薯片。接下来密封开口,从流水线上剪下这包薯片。最后采用机器或人工的方式将薯片装入集装箱,送入超市。

所有的薯片看上去都一样!

有些薯片是以筒装的方式出售的。当你打开包装的时候会发现,所有的薯片形状都是一样的。这是怎么做到的呢?每一个马铃薯长得都不一样的啊!秘密就在加工工序上。筒装薯片不是用生马铃薯制成的,而是用马铃薯泥制成的。人们会像制作饼干那样把马铃薯泥摊开,再用模子压制出想要的形状。

27

方糖是如何成块的?

许多你知道的食品中都含有糖分。糖果和巧克力里当然是有糖的,但是你知道香肠、番茄酱、果汁和小面包里也有糖吗?糖能使食物变甜,你一定对它爱不释手。但是糖是从哪里长出来的,在哪儿生产的,最初又是什么样子的呢?

甘蔗还是甜菜?

糖主要从甘蔗或者甜菜中提取。过去,人们只知道从甘蔗中可以提取糖。甘蔗生长于热带地区,比如巴西、印度和中国。将蔗糖从这些地方运往欧洲花销是很大的。因此糖直到大约 200 年前还是一种奢侈品,只有富人才能负担得起。糖在当时如此贵重,以至于人们用银盒来保存它。直到 18 世纪人们才发现,甜菜也可以用来提取糖。从那时起,欧洲人就开始用甜菜生产糖。

28

甜、更甜、超级甜

甜菜是从饲料萝卜培育而来的，目的是使其含糖量更高。原植物的含糖量大约为 8%，新培育出来的植物，也就是甜菜的含糖量高了一倍。而现在，甜菜的含糖量已经达到了 20%。

小药丸，……

3 月份或 4 月份的时候，天气变暖，土地干旱，农民伯伯就会开始播种甜菜了。甜菜的种子看上去就像一个个小药丸或者小珍珠。在每一粒小药丸里都藏着一颗甜菜籽，这种样子是为了防止种子遭到损坏。农民伯伯会用播种机把种子播种到垄沟里，盖上土。

……肉质块根

种子两周内就会长出细嫩的苗秧。很快就有叶片长出来，留在地下的根则会慢慢长成块茎。大大的叶片能够充分吸收阳光，并在太阳光的作用下将水和空气中的二氧化碳化合生成糖，然后储存在甜菜细胞中。半年后，大概 10 月份的时候，甜菜就成熟了。这时甜菜的重量在 1 到 1.5 千克。

收获甜菜

如果你在自家的花园里种了四季萝卜或者胡萝卜的话，那么到了收成的时候，拔出地上的绿色植株，萝卜就跟着出来了。收成甜菜的道理是一样的，但要收成整片田地里的甜菜当然就很费力气了。所以农民伯伯会使用一种巨型机器，也就是甜菜收获机来帮忙。收获机会剪掉甜菜的叶片，翻出地下的块根，再把块根与土壤进行分离，最后存储在收获机的储斗里。而这一切都是转瞬间的事情。

29

甜菜垛

不能立刻运往制糖工厂的甜菜会被农民伯伯储存在田边堆成堆儿，人们就把这些高高的堆儿称为甜菜垛。

制糖厂

制糖厂这个名字其实并不贴切，因为制糖厂并不是生产糖，而是对糖进行加工。经过多道工序将糖从甜菜中"释放"出来。首先，将运送来的甜菜投入巨大的甜菜清洗线，清洗掉残留的泥土和石块。

30

切片

用锋利的刀将清洗过的甜菜块根切成薄薄的片，然后送入萃取塔。萃取塔就是一口装有热水的深锅，甜菜块根里的糖会在热水的作用下溶解出来。提取糖分后剩余的残留物会被加工成牲畜饲料。而得到的含糖水溶液叫渗出汁。渗出汁还需经过过滤，直到完全纯净为止。

从稀到稠

将稀薄的糖汁净化之后还要进行高温加热。加热过程中水分蒸发，糖汁逐渐变稠。这一过程会被重复很多遍，直到溶液变得完全黏稠为止。此时溶液颜色变深，成为你认识的糖浆的颜色。

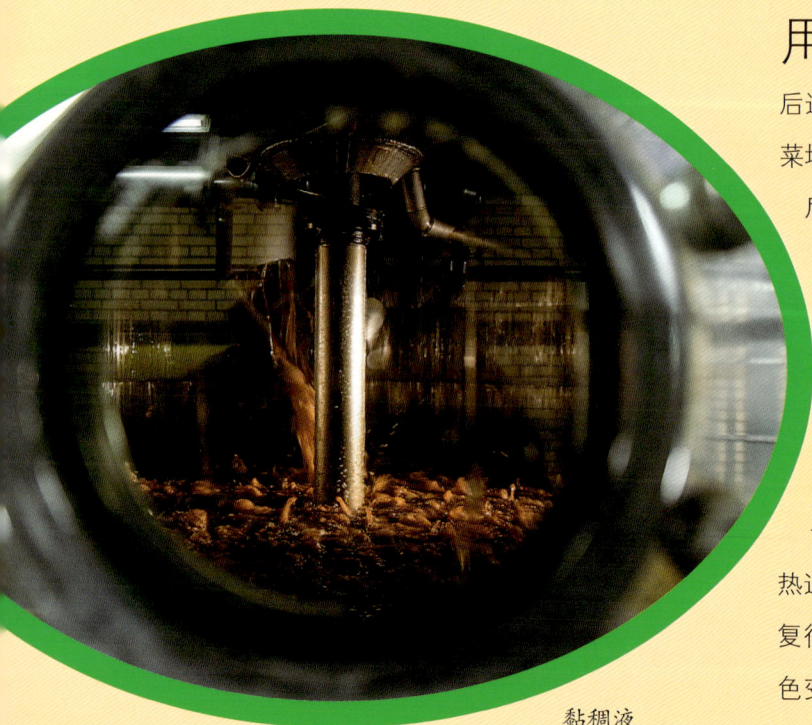

黏稠液

结晶糖从结晶机中落入传送带

结晶

人们会往黏稠液中加入一些糖的结晶体，以生成更多的结晶物。你可以把结晶体想象成一种催化剂，在其表面会不断挂上新的结晶体，逐渐变得越来越多。黏稠液就会变成糊状。这时，糖已基本成形，就像你认识的样子了。

方糖

为了制作方糖，人们会先弄湿成品糖，再将其压制成形，最后干燥。如果你愿意，你完全可以轻而易举地自己制作方糖。你只需要一些糖、几滴水和一个模子。

31

制糖离心机

要将剩余的糖浆与糖分开就要借助于一个巨大的滚筒，也就是一个离心机。糖浆流出，糖被抛出来，挂在一个筛子上。这样就形成了初步的白糖。将这些白糖再次溶解、再次结晶。最后形成的白糖特别白，是纯净的精制白糖。在食糖的包装上你会看到"精制白糖"的字样。制成的糖会被装袋销售，这样你在超市里就可以买到了。

香蕉是如何进行"环球之旅"的?

香蕉味道香甜，果皮呈黄色，体态弯曲，很受欢迎。你经常会在人们的手袋、运动包和书包里看到香蕉的身影，香蕉已经成为人们必备的休闲食品。它可以瞬间提供新的能量，而且很实用的是，香蕉总是自带"包装"。无论是运动员还是小婴儿都非常喜欢吃香蕉，可以成块吃，可以混入牛奶中，也可以捣碎成糊状吃。香蕉品种多样，几乎全年都是旺季。但是它到底生长在哪儿呢?

香蕉的故乡

香蕉喜欢温暖潮湿的环境。所以在你生活的地区可能看不到香蕉树，但是在植物园里或许能够找到它的身影。你可以到温室里去看一看。最初，香蕉起源于马来半岛，然后从那儿传入印度。现在，香蕉主要种植在中南美洲的国家，如厄瓜多尔、巴拿马、尼加拉瓜或者哥斯达黎加。所以在进入你家附近的超市前，它已经进行过半个环球之旅了。

树还是叶？

香蕉树的高度最高可达6米。香蕉树虽然被称为树，但其实并不是真正的树，因为它的茎干与一般的树干不一样，香蕉树的茎干不是坚硬的木质结构，而是由巨大的、卷起来的叶柄构成的。植物学家将其称为假干。香蕉树的树枝实际上是叶柄。

一只手有几根手指？

香蕉树长得很快。一年之内就能长大、结果、果实成熟。果实呈簇生长，人们称之为果序，果序由8~20段果束构成，每一个果束长得就像一只手。每只"手"上又有8~20根"手指"。你当然可以把它叫作"香蕉的手指"。平均每一个果序可以结200根香蕉，重35~50千克。

索道上的香蕉

当香蕉变绿的时候，人们就会用割香蕉专用的大砍刀把香蕉从树上砍下来。香蕉不同于其他水果，不能待果实黄熟时才采收。因为如果香蕉在树上挂的时间过长，就会缺少水分、口感变差，所以果农通常是在香蕉发育到七八成熟时进行采摘，随即运往目的地，让香蕉在储存的过程中成熟。采摘工作通常需要两人配合完成。一个人将果序分开，另一个人接住，小心地让果序滑到自己的肩上。尽量避免香蕉发生碰撞擦伤果皮，因为受伤后的果实不耐储运。在种植场放置几天后，香蕉果序就会用钩子挂到索道上，运输到包装站。

香蕉树枯萎之后

香蕉植株一生只结一次果，然后就会枯萎死去。但此时它早已事先做好了准备，由根状茎长出的吸根会在种植场继续繁殖。

33

包装站

每一个大型种植场都会有自己的包装站。香蕉到达包装站后，先要接受检查。有损伤的香蕉会被挑出来，稍后送入市场销售。完好的果束则会被手工剖开后送去清洗。接下来果农会把香蕉分成一串一串的，以方便人们稍后购买。最后装箱称重，保证每箱香蕉的重量相同。

准备装箱的香蕉

34

香蕉花

一定不能有黄色

一定要保证绿色香蕉的箱子里不能混有黄色香蕉，这很重要。否则在运输途中，黄色的、已经成熟的香蕉会使绿色的、未成熟的香蕉迅速变熟，等到达目的地时就已经腐烂了。

消毒贴签

接下来香蕉还需要洗一次消毒浴或是用消毒液熏蒸消毒。每一串香蕉都会被贴上公司的标签。你可以在超市里留意一下，是不是每串香蕉上都有标签。它们来自哪个公司？看标签就知道了。贴完标签后，人们会用透气的塑料薄膜把香蕉包起来放入纸箱。然后垛在木板上，发向港口。大多数情况下，香蕉在采摘后一天内就会登上运输船。

香蕉运输船

放有香蕉的木板在港口处会被装载入大的集装箱。集装箱的容量很大，能够一次性容纳30万个纸箱。装有香蕉的货船或集装箱需要配备冷气系统，以保证冷藏室的温度维持在13摄氏度左右。在这个温度下，香蕉不会成熟，保持翠绿且不变形。在整个运输过程中，香蕉都需要在这种冷藏休眠的状态下度过。直到两周之后，货船到达目的地。

香蕉批发

香蕉会随船发到批发商手中。批发商随即把香蕉储藏在催熟室里。你可以把催熟室想象成一个巨大的冰箱，而冰箱内的温度慢慢升高。在热量的作用下，香蕉逐渐成熟，慢慢变黄。

35

进入市场

大概两周之后，香蕉就已经做好准备在商店里销售了。载重汽车会把香蕉成箱运往超市。现在的香蕉已变得嫩黄，味道非常甜。如果你买了两根香蕉，吃了一根，另外一根没有马上吃掉，那么几天之后这根香蕉表面就会出现褐色的斑点。这实际上是糖斑。此时的香蕉是最甜的，你应该尽快把它吃掉，否则它就会腐烂了。

饮　品

　　你最喜欢喝什么？可可、茶、牛奶、可乐，还是矿泉水？你可能在家里总会存些你最爱的饮料。如果家里没有了，你干脆就到超市里买一袋或一瓶。但是容易得到的东西，并不是简单地就能生产出来的。比如可可在到达我们这里之前要走过很长很长的路；可乐的配方非常机密，以至于操作装瓶设备的工人也不清楚。即使像矿泉水这样看似十分简单的饮品中也隐藏着深深的秘密。你自己来书里面寻找这些秘密吧！

牛奶是从哪里来的?

牛奶对身体有益且味美。你可以冷着喝,也可以热着喝;可以不添加任何东西直接喝,也可以加入蜂蜜或可可后再喝。我们喝到的牛奶大多产自奶牛。牛奶富含维生素和矿物质,对于孩子来说,是非常重要的饮食——无论是对于牛宝宝还是小宝宝来说都是如此。

简单地回顾一下历史

自人类把牛当作家畜以来,除了用牛奶饲育小牛犊,也会自己食用。古巴比伦人和古埃及人在几千年前就把牛奶当作了食物。印度人和希腊人也发现了它的食用价值和药用价值。

38

吃的是草,挤的是奶

奶牛用表面粗糙的舌头将草拔起吃掉。草和着大量的唾液进入牛的前两个胃——瘤胃和蜂巢胃中,在胃里的温度和微生物的作用下发酵。发酵完的饲料颗粒再次反刍入口腔内,被慢慢嚼烂后吞下,最后进入其他两个胃中进行消化。在整个过程中,营养物质进入血液,通过血液循环到达乳房,并在乳腺组织中形成牛奶。

在奶牛农场

人们把为生产牛奶而饲养许多奶牛的农场叫作奶牛农场。挤奶不再需要人工，而是用机器来操作。在整个现代奶牛农场中，只有挤奶杯是手工安置的，其他工序都是自动完成的。当乳房胀满牛奶时，奶牛会自己走进挤奶机器，让机器挤奶。非常实用！

没有小牛就没有牛奶

为了让奶牛产奶，就必须先让奶牛生小牛宝宝。在所有的哺乳动物中都是这样的。如果生了小牛宝宝，妈妈就会给它喂奶，直到它能够自己进食为止。所以，实际上奶牛以为自己是在给小牛宝宝产奶呢。

在挤奶站

如果农民伯伯有很多头奶牛，那么他就需要很多台挤奶机。很多台挤奶机在一起就构成了一个挤奶站。挤奶前需先清洗奶牛的乳房，这一步骤很重要，否则就会有细菌进入牛奶。接下来在每一个乳头上罩上一个管子。人们把它叫作吸乳杯或挤奶杯。吸乳杯的作用是把牛奶从奶牛的乳房中吸出来。然后牛奶就会顺着管子流出，进入储奶箱。

39

从带着奶牛体温到完全冷却

牛奶从奶牛的乳房中流出时，还带着奶牛的体温。为了不让牛奶迅速腐坏，就需要将它冷却。你在家储存牛奶也一样，如果你没有把买来的牛奶放入冰箱，那么它很快就会变质。因此，挤出的牛奶会直接放置在大概 4 摄氏度的环境下冷却。

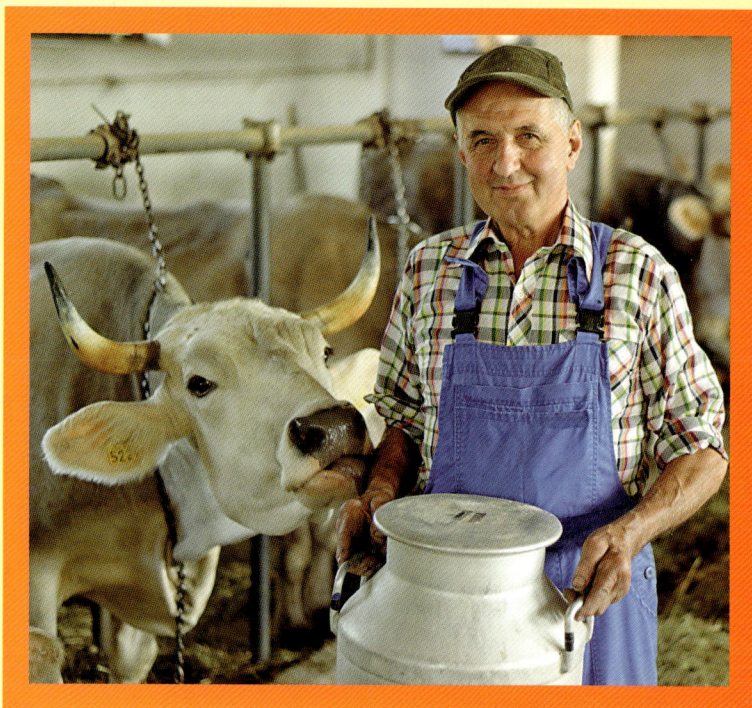

奶牛

奶牛的品种不同，产奶量也不同，一头优质的奶牛平均每天可以产奶 20 升。通常情况下，奶牛每天早晚都要被各挤一次奶。每天两次，一周七天，一年 365 天。所以奶场的农民伯伯想要度假就没那么容易了。和你不同，他们很少有休息的时间。

牛奶加工厂

因奶场的大小不同，奶商会开着取奶车在一天之内取一次或两次奶。司机负责把牛奶从奶场的储奶箱泵入他的载重汽车中。然后将牛奶直接送到牛奶加工厂或再到其他奶场去取奶。牛奶在取奶车里也需要好好冷藏。牛奶到达加工厂后，会被装入巨大的储奶箱，以待继续加工。

将牛奶泵入载重汽车，随后运往牛奶加工厂

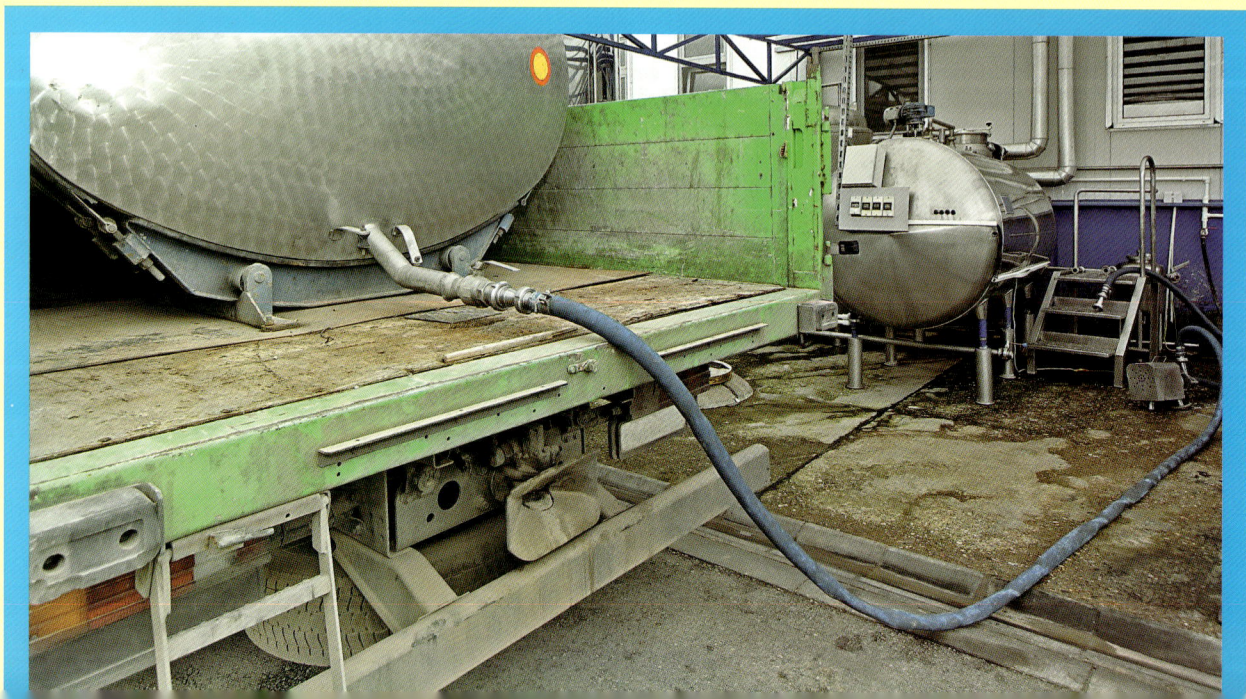

保质期

为了牛奶能够长期保存，人们会在牛奶加工厂对牛奶进行加热。加热的时间越长、温度越高，牛奶日后的保质期就越长。经过加热工序的牛奶在未开封的状态下保质期可以达到三个月。接下来，将牛奶装入瓶子或纸盒中，然后再送入超市。

牛奶与牛奶也不相同

人们把未经处理的牛奶称为生牛奶。生牛奶必须在一天之内消耗掉。其脂肪含量在3.8%~4.5%之间。你只能在奶农那里才能得到生牛奶。在喝之前，你需要先把它煮熟，这样可以杀死生牛奶中潜在的病原菌。全脂鲜奶中含有3.5%~3.8%的脂肪，脱脂牛奶中含有1.5%~1.8%的脂肪。

41

不只是牛奶

用牛奶还可以加工出许多不同的奶制品。比如各类酸奶、奶油、黄油、凝乳，或者乳清。你完全可以自己做出酸奶。为此你需要一小碗低温消毒过的牛奶，还有一小块酸面包的碎屑，把面包屑放到牛奶里。置于室温下几个小时后，牛奶慢慢凝固，变成固态，这时酸奶就做好了。加些糖、肉桂或者水果粒，口感会更好。

可可是怎样加到牛奶里的?

可可味道很好,你可以把它加到冷牛奶或热牛奶里来喝。这种可可牛奶制作起来也很快。在盛有牛奶的玻璃杯里加几勺可可粉,摇晃,完成! 但是要把可可果制成你所认识的棕色的、香甜的粉末却要花费相当长的一段时间。

可可树

可可树最高可达 15 米。树上全年都挂着绿油油、亮闪闪,尾部尖锐的叶子。果实直接长在树干上。可可果形似哈密瓜,呈椭圆形,大小也和哈密瓜差不多,但是尾部渐尖。可可果有黄色、橙色、红色的,还有棕色的。除了在植物园中,在我们生活的地方你几乎看不到可可树,因为它们生长在赤道附近,主要是在南美洲和非洲。欧洲对于可可树来说太冷了。

阿兹特克饮料

人类大约在公元前 1100 年就开始种植可可树了。但是当时不是为了使用豆子,而是果肉。自公元 14 世纪起,阿兹特克人才开始用可可豆来制作饮料,否则你根本喝不到可可类的饮料。他们的饮料还会加入胡椒、香草和盐,不加糖。

42

收获可可果

可可果在5~6个月后成熟，重量在300~500克之间。像收获香蕉一样，人们会用大砍刀把可可果从树上砍下来。然后将可可果运送到种植场里的一个收集点，然后在那里将其打开。

到可可果的内部一探究竟

打开可可果你可以看到白色的果肉，果肉里藏着可可豆。从外表上看，包着可可豆的果肉有点像大蒜瓣。每一个可可果中有20~50个可可豆。可可豆大概2厘米长，1厘米宽。

多面的可可豆
当年，阿兹特克人还把可可豆当作货币和祭品来使用。

可可豆由白色……

打开可可果之后，你会看到里面的豆子是白色的。直到你把它与果肉分离开，才会发现可可豆是红色的。如果你想用手把豆子从果肉中扒出来，那你得费很大的力气了。因此种植园的工人都会使用一种特殊的方法来取豆子，那就是发酵。把藏有可可豆的果肉置于阳光充足的地方，再用棕榈叶或香蕉叶盖住。

……变成红色

叶子底下的可可果在高温的作用下开始发酵。果肉溶解，流出。剩下的就是结实的、红色的豆子了。现在，它尝起来就有点可可的味道了。置于阳光下几天之后，可可豆就可以装船运走了。

43

清洗可可豆

可可豆最终会被运送到生产可可粉或巧克力的工厂。在那里，工人们要检验可可豆的质量。如果所有的可可豆都是好的，那么就要对其进行清洗。豆子表面可能会有污渍、黄麻纤维，也可能混杂着小石头或小金属块，这些都需要清除掉，方法有很多种，比如用气流吹掉、用筛子筛除或用磁铁吸出。

烘烤……

为了让可可豆散发其特有的香味，人们还会对它进行烘烤。用来制作可可粉的豆子与用来做巧克力的豆子相比，前者的烘焙温度要高些。在烘焙的过程中，豆子体内的水分继续流失，于是颜色就变成了深棕色。

44

烘焙过的可可豆

接下来将豆子快速冷却，这是为了让豆子不会在较低温度下继续被烘烤，而是保持人们想要的状态。你可以把这个过程想象成早上煎鸡蛋，为了不让它被继续加热以致烤煳，你会用冷水淋它，使其降温，道理是一样的。

……碾碎

下一步是用滚筒把豆子碾碎，然后吹走重量较轻的外壳，重量较重的可可豆碎块则留了下来。还有一种使果壳分离的方法，那就是抛掷法。把可可豆放入一台机器中旋转，利用可可豆撞击铁壁的高强度冲击力和旋转时产生的离心力使外壳脱离可可豆。这就好像为了打开坚果会把它抛向墙壁一样。

可可碾磨机

为了把可可豆碎块变成粉末状，还得对其进行碾磨。碾磨产生的热量使豆子里的可可脂融化，产生大量亮棕色的可可液，这时它看上去就很像巧克力了，而且还会发出香气。磨好的可可液会被做成可可粉或巧克力。但两者所用的机器是不一样的。

压榨可可液

在磨好的可可液中还有一些成分是制作可可粉不需要的，那就是可可脂。它需要被压榨出来用于制作巧克力。剩余的部分叫作可可压饼。压饼会被磨碎成可可粉，然后打包、发货。

可溶解的可可

为了让可可粉在冷牛奶中也能溶化，还要在碾磨前将可可压饼进行可溶化处理。仔细地看一下可可粉的包装，你一定能在上面找到"可溶性粉末"的字样。这就意味着这些粉末被处理过，目的是使我们能快速冲好一杯可可饮料。

45

茶是如何做成茶包的?

炎热的夏天我们可以喝凉爽的冰茶,寒冷的冬天在散步之后喝一杯热茶,整个人都会暖和了。泡茶已是一件快速而简单的事情,茶也有很多种口味,清新茶、水果茶,甚至还有巧克力茶,品种多样。每一个大的品种下还包含很多小的品种。茶在到达我们的杯子里之前,往往已经经历了很长一段旅程。

有关茶的一个传说

茶起源于中国。关于茶的发现还有这样一个传说:在大约5000年前,神农氏坐在树下,旁边还放着一个盛有热水的碗。突然一阵大风刮掉了树上的一片叶子,叶子刚好落在神农氏的热水碗里。他喝了一小口水,惊奇地发现这水的味道如此好喝……于是茶就这样诞生了。

46

传遍世界

在亚洲,茶迅速发展成为一种非常受欢迎的饮品。17世纪时,茶通过海运也传到了欧洲。荷兰人首先把茶带到欧洲并进行贩卖。英国人也发现了这种芬芳的饮品。茶的传播就这样大踏步地开始前进了。如今,它已成为世界上最受欢迎的饮品,你在每一个国家都可以喝到它。

茶树

红茶和绿茶是人们最常喝的两种茶，都采摘自茶树。在许多国家都有种植茶叶的大型种植园。比如你可以喝到产自印度、肯尼亚或者斯里兰卡的茶。茶种植业已经有 100 年的历史了。茶树可以长到几米高，但是为了更容易采摘，茶树通常会被修剪到齐腰高。

采摘茶叶

许多茶叶种植园都坐落在山地或丘陵起伏的地方。因为在那里无法使用机器，因此茶叶的采摘工作现在还是手工来完成。新鲜的、嫩绿的茶叶无法长期保存，因此它们会在种植园内被继续加工。

器械采摘

在平原地区，机器就可以应用到采茶工作上了。机器虽然在速度上比人工采摘更快，但可惜质量却不及人工采摘。

晒干茶叶

制茶需要很多道工序。首先要把新采摘下来的叶片进行干燥处理。人们将茶叶在太阳底下摊开或者放入干燥房中，这样能够蒸发掉茶叶中 70% 的水分。你可以自己也摘一片树叶，然后把它放在太阳底下，来观察叶子被晒干的过程。

47

卷曲，辗压，筛选

干燥了的茶叶要被卷曲和辗压。在这个过程中，茶叶的细胞壁遭到破坏，植物汁液和芳香物质被释放出来。过去，这个工作都是手工完成的。茶农需要将不计其数的茶叶一个一个手工卷起。现在，这个工作大部分都是由机器来承担，完成这一步骤只需要半个小时。接下来将滤茶器中的茶叶按照大小分开。

绿茶和红茶

48

红茶还是绿茶？

红茶和绿茶出自同一种植物，而颜色的不同则是由于不同的加工工序造成的。红茶经过辗压之后再发酵，绿茶则不需要。发酵是指将茶叶压碎，使茶叶细胞"打开"的过程。细胞内部物质与氧气在适当的温度下接触后发生反应，使茶产生更多的香气，颜色也会变得更深。如果你把两杯茶，一杯红茶，一杯绿茶，并排放在一起，会立刻辨认出哪个水杯里放的是哪种茶。

小片，大片

叶片会再次被干燥，然后按照等级分类。分类的标准很简单，就是按照大小。大片的放到一起包装，小片的放到一起包装。

茶包是怎样发明出来的?

1904 年，美国茶商托马斯·沙利文（Thomas Sullivan）事先把茶叶装在了一个个小的丝绸包里，作为样品茶发送了出去。顾客在收到样品茶之后，直接把茶叶及袋子放入水中来泡，而且觉得这非常实用，因为这样就不会有茶叶漂浮在茶水里了。

相互混合

茶通常会装入纸袋或茶箱中，再用船运送到世界各地。在制茶厂，不同品种的茶会被混合在一起或者加入芳香物质，这样就能产生许多不同口味的茶。茶被装入容器、打包，并运送到商店。要把茶制成茶包就要用到茶包机和打包机。这些机器会把过滤纸折叠，保证每个茶包里有相同重量的茶，密封后再和其他茶包一起装入小纸盒中。

散装还是茶包?

在商店里，你可以买到散装茶也可以买到制成茶包的茶。买来的散装茶，你可以直接放在茶壶里倒入热水沏，也可以放在茶叶筛子上或者茶叶过滤器里沏。而茶包你可以很简单地挂在茶杯边，倒入热水就能泡出一杯美味的茶了。然后把茶包取出来，扔掉，完成!

可乐是从哪里来的?

你一定喝过可乐。这种深棕色的汽水已经成为世界范围内最受欢迎的饮品之一,而且几乎在全世界都有生产和饮用。许多故事和传说都围绕这种甜甜的饮料展开了。哪些是真的,哪些是杜撰的?

约翰·彭伯顿(John S. Pemberton)

药店里的糖浆

1886年5月8日,医生兼药剂师约翰·彭伯顿(John S. Pemberton)(1831~1888)发明了一种有助于抵抗困倦和头痛的糖浆。混合了苏打水后,他把这种饮料以每杯5欧分的价格放在药店和苏打水店销售。这种提神的饮料获得了一个名字,那就是可口可乐。他没有因此而变得富裕。于是在仅仅两年之后,他就把这种饮料的专利权卖给了商人艾萨·坎得勒(Asa G. Candler)(1851~1929)。从此,可乐开始了扬帆远航。

彭伯顿的秘方

彭伯顿所发明的可乐之所以有让人陶醉和振奋的作用是由于它其中含有可乐树叶和可乐果,它们都被加工在了糖浆里。可乐树叶也能制作出毒品可卡因,这在当时是被禁止的。几年以后,这种配料已经不再出现在配方当中了,而现在当然也是禁止的。第二个重要的配料是可乐果,其中含有咖啡因,这是一种咖啡和红茶中也含有的兴奋剂。可乐果一直都是可乐配方中的一部分。

可乐果

可乐果

可乐树生长在西非和中非。可乐果是植物的种子。它比咖啡含有更多的咖啡因。人们会将可乐果磨成粉末，混入可乐糖浆之中。但并不是每一种可乐中都含有可乐果。一些可乐生产商会使用从咖啡中获得的咖啡因来替代可乐果。

世界上被保护得最好的秘密

可乐的生产商把可乐的配方视作最珍贵的宝贝保护着。你虽然能够在可乐瓶上看到这种饮料中含有什么，但尽管如此你还是无法准确地生产出相同口味的可乐。为什么？因为所有的配料都有可能产生可乐那种芬芳的味道，但是你不知道每一种配料确切的比重是多少。甚至是制作可乐的工作人员也不知道瓶子里到底装了什么。

糖浆里有什么

可乐糖浆是由水、大量的糖、咖啡因、磷酸、色素、芳香油（如橙油、柠檬油、肉豆蔻油、芫荽籽油、桂皮油、橙花油）和一点点酒精构成的。当然还有秘密配料，秘密配料会根据生产商不同而有所不同。但无论怎样其基础还是原来你熟悉的那种饮料。

神秘的生产过程

为了让可乐的配方一直保持着它的神秘感，人们只在少数几个地方生产可乐。那么到底怎样生产呢？这当然也是最高机密。这种汽水的基本原料成品会被灌入装罐机，这在世界上许多地方都有——也就是说在每一个销售和饮用可乐的国家都有。比如欧洲的可乐装罐机是在爱尔兰生产的。可乐就躺在这些巨型罐子里被运往装罐站。

在可乐室

将装罐机里的可乐原料运送到可乐室的大罐子里，然后加入水和糖混合。这项工作大部分都由机器来承担。原本浓稠的液体慢慢稀释，直到完全达到可以饮用的状态。多少糖浆混入多少水，当然都是有精准比例的。全世界各地的可乐尝起来的味道应该都是一样的。

52

装瓶

混合稀释好的液体会顺着管道流出，准备由机器操作装入瓶子或罐子中。另一方面，装饮料的容器也经过长长的传送带到达。当然，容器事先还会经过清洗。接下来糖浆混合液会由喷嘴流出灌入容器内。现在就要打入二氧化碳了。二氧化碳就是导致打开可乐瓶时会发出嘶嘶声的物质。如果是易拉罐，下一步就是盖上盖子并弯成规定的形状；如果是瓶子，下一步就是拧上瓶盖。液体注入的量由电脑来控制。接下来再一次清洗，然后包装。

透视眼

从瓶子的外表我们可以轻易地看出它是不是满的。但是电脑从哪里知道易拉罐是否装满了呢？难道它有透视眼吗？是的。易拉罐确实由一台透视装置来检查是否装满。其工作原理就像是医生想要看你的骨头是否受伤而给你照X射线一样。

码在板子上的可乐

在装罐站的传送带上每天都会跑过成千上万个瓶子和易拉罐。载重汽车源源不断地把空的易拉罐和瓶子送去注满。装满的易拉罐会被放在大板子上装箱，然后由载重汽车运送到超市。在那里，你就可以买一瓶来喝啦。

53

汽水为什么会发出嘶嘶的声音?

水龙头里的水不会发出嘶嘶的声音,但是有些瓶装水就会。而这嘶嘶声来自瓶装水里的小气泡。那么这些气泡从哪里来,是怎样跑到瓶子里的呢?

从云朵到地下深处

你一定知道,下雨后,雨水会渗透到地下。随着时间的流逝,雨水渐渐透过沙子、透过不同的岩石层,直到地下几米深的地方聚集成地下水。其中一部分水还会继续下渗。在这个过程中,水变得越来越干净,因为沙子和岩石就像过滤器一样,可以过滤掉不纯净的部分。

名字中隐藏着什么?

只有来自地下的水才能称之为矿泉水。矿泉水是直接用泉水或井水装罐并经过严格把控的水。

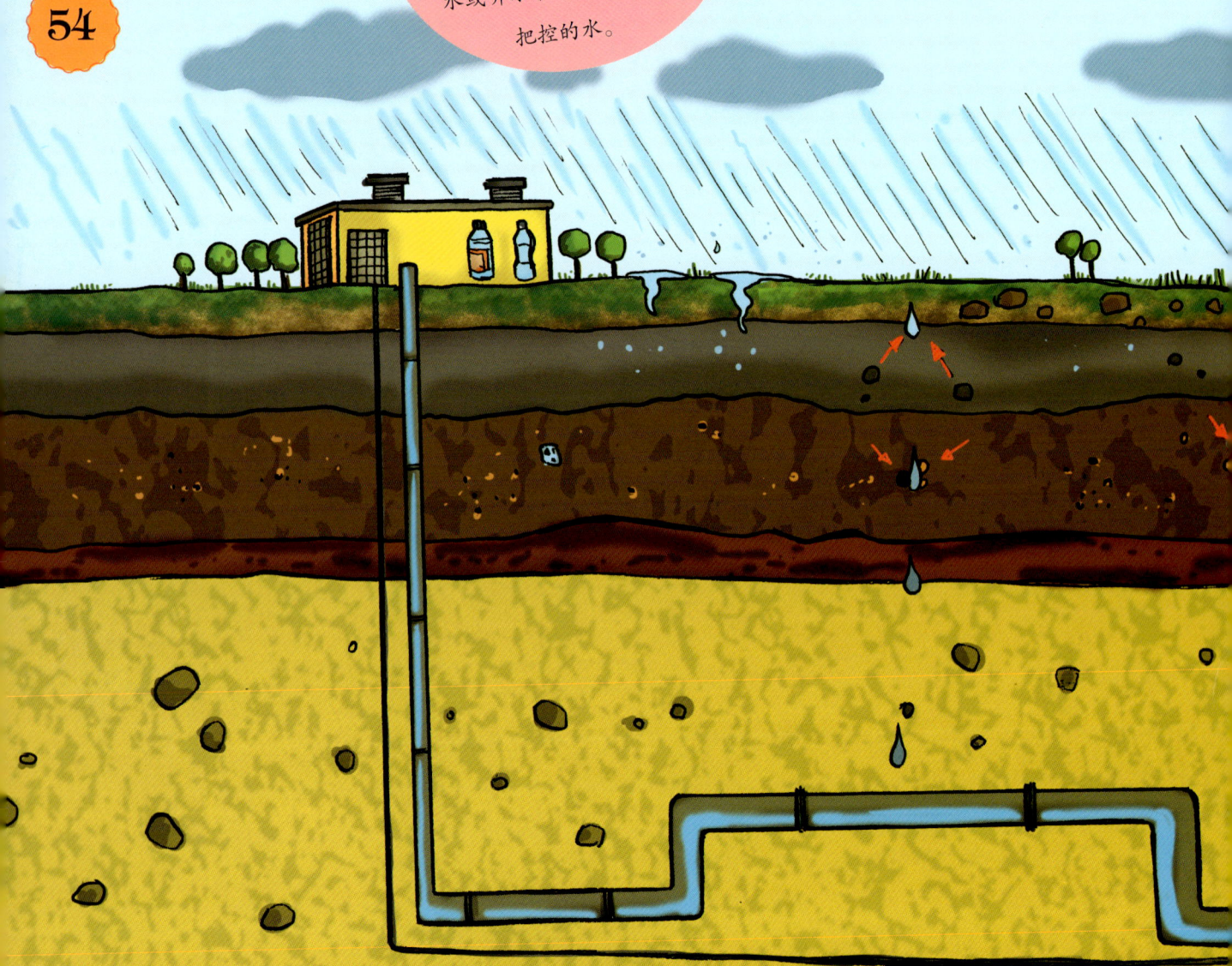

从雨水到矿泉水

雨水穿过整个岩石层所需要的确切时间我们不得而知。但是能够确定的是，这一定需要花费几十年甚至几百年的时间。雨水在穿过岩石层的过程中吸收了矿物质。矿物质是人体所必需的组成部分，我们必须从食物中获取来维持身体各项机能的正常运转。水渗透的速度越慢，其含有的矿物质就越多。就这样，雨水变成了矿泉水。

开采矿泉水

雨水历经千辛万苦，最后终于到达地底，汇集成了广袤的地下源泉。随后，矿泉水生产商将其开采出来，地下水就会通过长长的管道被泵出地上，然后在工厂接受彻底的检查，看是否能够达到饮用水的标准，检测之后再装瓶。

小泡泡?

使得矿泉水冒泡发出嘶嘶声的物质是二氧化碳，矿泉水中的二氧化碳有一部分是来自地下的岩石层，因为在这些岩石层中含有碳酸。当水遇上碳酸时，就会生成二氧化碳。当然矿泉水在地下时不会像你刚刚打开矿泉水瓶时发出那么强烈的嘶嘶声，但也是会有一点的。为了让瓶子里充斥足够的二氧化碳，矿泉水在装瓶时还会额外压入一些二氧化碳。

55

矿泉水里有什么?

在矿泉水的标签上你可以看到，矿泉水中包含哪些矿物质和微量元素，比如你可能会看到钙、镁、钠、硫酸盐、铁和氟化物。根据源泉的不同，矿泉水中还会含有其他的物质。因此不同的矿泉水，味道会有所不同。

高压

为了让二氧化碳更好地溶入水中，人们通常会用高压把二氧化碳压入水中。你或许能够在制水厂看到这一幕，气体在高压的作用下被"射入"水瓶中，同时还会发出嘶嘶的声音。当你打开碳酸饮料的时候，也会听到这种很大的嘶嘶声，有时甚至会有水喷出来。而是否喷溅则取决于瓶子所释放的压力大小。

56

混合站

将开采出来的地下水储存在制水厂的巨型水箱中，再通过长长的管子泵入到混合站。水在混合站里被加入二氧化碳，根据饮料的种类不同，加入二氧化碳的量也不同。传统的德国矿泉水，每瓶会加入大约6克的碳酸；有"中等"（"medium"）标识的矿泉水，其碳酸含量则会少一些；而静水中则完全不含碳酸。

漏了气的汽水

如果你长时间把矿泉水或碳酸饮料开瓶放置，那么很快这些饮品就会尝起来完全没劲儿，且淡而无味。这是因为，此时碳酸已经溶解，而产生的二氧化碳被释放出来。你甚至能够看到二氧化碳释放的过程，因为它会随着小气泡慢慢地升到水的表面。

瓶子的重复利用

你会把押金瓶再交还给超市或饮品店,这是理所当然的!那里的工作人员会把所有的瓶子搜集起来,再运回给生产商。就这样,瓶子又一次回到了工厂。它们需要在这里接受彻底清洗、检验,并分类。当瓶子变得干净明亮且毫无瑕疵的时候,才允许重新装水。一个可回收的瓶子最多可重复使用50次。同样,饮料箱也可以清洗后重复使用。

将可重复使用的饮料瓶退回时可以得到返还的押金

气泡为什么会跑到瓶子里

将碳酸加入饮料瓶里的"发明者"的初衷并不是想要寻找一种提神饮料,而是想让水的保质期更长。因为碳酸有阻碍细菌生长的作用。

57

水是如何装入瓶中的

制水厂中所有的工序都是全自动的。空瓶子沿着长长的传送带到达灌装站,灌装设备以极快的速度将水和二氧化碳装入瓶中,再拧好瓶盖。电脑程序负责检测瓶子是否装满,并将装得太少的瓶子挑出来。贴上标签之后,机器人会把瓶子装入饮料箱,码入货架,然后装入载重汽车运往超市。

在学校

　　小麦、墨鱼、石油和椰果有什么关系？你知道吗，你在学校或者去学校的路上也许就会用到上述物品制作出来的东西。比如校车需要汽油，钢笔需要墨水，面包是用谷物制成的，课间玩的跳绳是用结实的纤维绳制成的。人们可以在精炼厂、工厂，甚至在自己家中对这些原材料进行加工，从而生产出我们生活所必需的物品。

校车是靠什么行驶的?

夏天，校车永远都是早上七点半准时停靠在站点，这是完全没有问题的。但是到了冬天，天气寒冷的时候就没有那么准时了。校车到底停在哪儿了？"一旦校车司机忘记加油"，那么你就有冻僵的危险了。这是有可能发生的事情，但是校车究竟要加什么油呢？

在加油站

你一定去过加油站。那里有不同种类的发动机燃料：汽油、柴油和天然气。如果人们知道自己的小轿车或校车需要添加什么样的燃料，那么他可以直接选择相应型号的油加油，然后就可以继续上路了。为了防止加油站的燃料消耗殆尽，会有加油车定期开来填满加油站的地下油罐或天然气罐。但是加油车里的燃料又是从哪里来的，是如何生产出来的呢？

钻油

大多数的小轿车和公共汽车是靠石油制成的燃料行驶的。石油位于很深的地下,有些位于地底,有些位于海底。为了开采石油就必须深钻入地下。地下的石油压强很大,因此在钻入石油层的时候必须格外小心。开采前,工人们都会事先建好安全阀来阻挡石油的高强度喷射,然后就可以用泵来开采石油了。

在北海

开采位于海里的石油就需要使用巨大的海上钻井平台。海上钻井平台会被抬起到安全工作高度,可以高出海面几百米。比如在北海就有这样的钻井平台。开采出来的石油会通过长长的输油管道输送到港口,在那里装船,然后送往炼油厂。有时输油管道会直接通往炼油厂。

从原油到成品油

原油要变成校车所使用的汽油或柴油,需先在炼油厂分解精炼。方法是将原油放入高高的蒸馏塔中加热。然后,原油中较重的成分迅速冷却,继而下沉,而较轻的成分则会上升,并在顶部液化。在蒸馏塔的每一层都有管子用来导流产生的液体。专业人士将蒸馏原油所产生的不同成分称为馏分。

61

钻井平台倾覆——一场灾难

钻井平台必须建造得非常结实,而且要深深地固定在地下,这样在有暴风或高浪来袭时才不会受到损害。钻井平台一旦倾覆,泄露的原油就有可能引起火灾或污染海水。这对于生存在海里的动植物来说无疑是一场巨大的灾难。

柴油还是汽油？

无论是柴油还是汽油，其基本物质都产生于蒸馏原油的过程中。柴油形成于蒸馏塔的中层，汽油则形成于塔顶。但两者相同的是，都需要经历净化，以及复杂的化学反应，并进而发生转化。然后，成品的发动机燃料就可以运往加油站了。

或者更喜欢天然气？

62

除汽油和柴油外，还有一些汽车是靠天然气发动的。天然气的来源有两种，开采于纯净的天然气地层，或者在开采石油时一同开采出来。后者开采出来的天然气需要在精炼厂经过净化和加工。

用于加工天然气的设备

在插座处"加油"

电车在行驶过程中丝毫不会产生废气，且几乎没有噪音。它们没有像靠汽油发动的汽车那样的油箱，而是配有一块大的蓄电池。这块电池的工作原理与手电筒里的电池是一样的。当然了，电车的电池在形态上会大很多。为了给电车"加油"，就需要把车开到充电站。比如一些城市里的无线电车不需要等很久就可以"加满油"。

两种发动机的动力

你听说过混合动力汽车吗？这类汽车不仅拥有电力发动机，也有内燃机，也就是以汽油和电力共同作为动力。混合动力汽车在制动时，会给自己的蓄电池充电，以节约燃油。

混合动力汽车

来自田地里的柴油和汽油

沙拉里的油菜籽油和葵花籽油很好吃。但是你知道它们也可以作为小轿车或公共汽车的动力燃料吗？比如生物柴油就是用植物油制成的。通常情况下制造生物油使用的都是油菜籽，但是有时也用其他植物，如向日葵。燃料油和色拉油的生产原理是一样的。原本需要高辛烷值汽油的车辆也可以用生物乙醇作为动力燃料。这种燃料是用小麦、黑麦和甜菜生产的。

生物质能

在生物质能中也储存着我们能够使用的能量，生物质能是指所有植物、动物及其排泄物。比如木头、秸秆、禾草，就连牛粪都能转化成能量、电力和燃料。

不要弄混！看上去像色拉油，其实是生物柴油

100 ml
APPROX.
— 80
— 60
— 40

63

为什么不是所有司机都使用生物油？

你也许会想，或许公交车司机可以干脆在超市买一瓶油菜籽油，用来代替柴油倒入油箱。但前提是他的公交车能够承受生物油，因为不是每一辆车都能够适应油箱里装着色拉油的。要想使用色拉油就必须具有特殊的配置，因为用植物制成的动力燃料可能会侵蚀发动机管，那么发动机就会漏油，公共汽车就无法行驶了。如果你今天还坐校车，可以问问司机叔叔你的校车需要加哪种型号的油。

作业本的纸张是从哪里来的？

你能想象出，如果人类没有发明纸的话，这个世界会是什么样子吗？没有纸就不会有听写本，不会有购物单，不会有玉米片的包装纸、纸币、报纸、卫生纸，也不会有电影票。所以说，纸是一个多么好的发明啊！那么到底是谁在遥远的过去想到寻找一种易书写的材料的呢？

纸莎草＝纸

埃及人在5000多年前发现了往纸莎草上书写文字的方法。纸莎草是一种生长于尼罗河两岸的植物。莎草纸的制作方法是先在纸莎草的茎上做好标记，然后裁剪成条，再切成薄片。切下的薄片要放入水中浸泡来使其变软。接下来用木槌捶打、滚动，将薄片压平。然后将薄片按水平方向和竖直方向相互叠加，再用重物压，干燥后磨光，就得到了莎草纸的成品。现在就可以用它来书写了。英文中纸（paper）这个词就起源于莎草纸（papyrus）一词。

很难书写

在纸发明之前，人类使用过各种可能的材料来书写文字。石头、陶土、木头、蜡和织物都尝试过。但往往非常费力，因为文字与其说是写上去的，还不如说是雕刻、击打以及刻凿上去的。

来自动物的"纸"

莎草纸的一个变种就是羊皮纸。顾名思义是用羊皮制成的纸，事实上不仅可以用小羊皮做成，有时也用牛皮或者猪皮来做。人们会把兽皮表面的毛刮掉，就像皮革一样。然后用石灰或碳酸钾处理兽皮，绷紧，再小心刮平。制成的羊皮纸可以两面书写，有时甚至可以多次使用，只需要用浮石把旧的文字刮掉。你可以把这一过程想象成用橡皮擦掉字迹。

牛皮上写了什么？

有一句古老的谚语是这样说的："牛皮都写不下了"，引申为"某事闻所未闻，太过分了"。这句话的意思是说，某人说得太多了，一张牛皮纸都不足以记完。

先穿，再写

发明纸的先驱来自中国。公元前105年，中国人发明了一种造纸的方法，即用大麻、瑞香、树皮来造纸。后来，这一方法传到了欧洲。但是欧洲人起初都是用旧衣服的纤维来造纸的，把亚麻料的衣服和亚麻线放入造纸作坊浸软、撕碎、捣碎、汲取、压制、干燥。当然，你现在使用的纸张不再是用旧衣服做的了，但是这种造纸的方式几乎是没有发生变化的。

65

树叶

66 　纸不长在树上，却是用树造的。更确切地说是用存在于树的细胞壁中的纤维素制成的。因为我们使用纸张的数量惊人，所以许多树都遭到了砍伐。用旧衣服造的纸已经满足不了我们的需求。现在的造纸工作都在大工厂里完成，小的造纸作坊已不再投入使用了。

阔叶树还是针叶树

　　原则上你可以用任何一种树来造纸，但是以针叶树为佳。因为针叶树，比如松树或云杉都是硬木，纤维较长，可以增强纸的稳定性。

从森林到造纸厂

　　要造纸，先伐树，也就是将树木移出森林，然后运往造纸厂。在造纸厂内，工人们会将原木放入大型滚筒内除去树皮，再将去皮后的原木切割成小块。接下来将木块放入一个类似于蒸煮器的巨大容器内，再加入化学制剂蒸煮促使木质素与纤维素分离。纤维用于制作不含木浆的纸。但这个时候纤维看上去还不是你平时看到的纸张的样子，而是深色的糊状物，这就是纸浆。

从纸浆到纸卷

对糊状纸浆进行清洗和漂白，这样造出的纸张才能呈现出漂亮的白色。然后加水进行长时间搅拌和研磨，直到纸浆不再成团。为了使纸张表面光滑或呈现彩色，还需要额外加入不同的矿物质。接下来使混合好的纸浆通过造纸机的滤网，其中的液体物质漏掉，而纸浆中的纤维受到阻碍留在了滤网表面，不断相互交织就形成了纸张。长长的纸张跑过轧辊机而被干燥，然后被卷成卷。

从纸卷到练习本

你的练习本也是用这些大大的纸卷做成的。当然还要经过多道工序，比如印刷、切割、装订，外面再用漂亮的封皮包装好，而封皮则是用彩色的纸制成的，全部完成后就可以在文具店里销售了。

干燥并卷起

用纸造纸

现在许多纸都是用旧纸制造的。这样的话就不必每次造纸都砍伐树木了。你也可以自己试一试。将一张旧报纸撕成小块，放入水中。用力搅拌混合物，直到变成糊状物，把大块的残留物挑出来。把纸糊薄薄地、均匀地铺到一块布料或毛毡上，将水挤压出来，使其完全干燥。这样，你自制的一张纸就完成了。

67

谷粒是怎样变成面包的?

每天在踏上去往学校的路之前,你是不是都会在书包里放一块面包,留作课间吃,不然就无法完满地度过这一天?有时会加奶酪,有时会加香肠,而面包本身是用谷物做成的。谷物在变成面包之前,农民伯伯和面包师还需要做大量的工作。

一片麦田

第一片谷物种植地

大约在 10000 年前,人类开始了谷物的种植。虽然在此之前人们早已认识了这些禾本植物,但是那时的谷物种子都是野生的,长成植物后,人类才收集起来食用。谷物的种植开始于一片被称为"新月沃地"的土地。"新月沃地"是指阿拉伯半岛北部近东地区。

68

谷物

谷物是禾本粮食作物的统称。它们的种子又被称为谷粒。谷物分为不同的种类:小麦、黑麦、燕麦和大麦,此外,玉米、小米和大米也属于谷物。

谷物传遍世界各地

3500 年后,也就是大约 6500 年前,谷物的种植技术传到欧洲。人们首先种植的是大麦,然后才开始种植小麦和黑麦。其他国家和地区的人们又会种植其他品种的谷物。为什么?因为不同国家和地区的气候不同,土地的种类也不同,所以适合生长的谷物种类有所不同。因此直到现在,大部分的玉米都产自美洲,小米多产自非洲,大米产自亚洲,黑麦则产自德国。

播种粮食

农民伯伯会在秋天播种种子。首先耕地，然后将种子一粒一粒地撒入田里。现在这一工作当然不再手工操作了，而是使用大型播种机。播种完成后再用土覆盖住种子。种子开始在潮湿的土里发芽，不久之后你就会看到嫩绿色的幼苗破土而出了。整个冬天，幼苗都处于冬眠的状态，直到第二年春天才会继续生长。

从禾秆到穗

小小的植物很快就会长成健壮的禾秆。叶片和麦穗就在禾秆内部生长，直至最后破秆而出。用来制作面包的谷粒是在麦穗里发育生长的。谷粒刚刚长出时呈现嫩绿色，而且很柔软。它们在夏天慢慢成熟，然后就会变成你熟悉的金黄色，而且很坚硬，这时就到了收获的时刻。禾秆此时也完全变干、变脆。谷粒收割后剩余的禾秆就是我们常说的秸秆。

小麦　　黑麦　　大麦　　燕麦

69

收获时刻

谷物成熟的时刻就是农民伯伯收获谷粒的时刻。他们驾驶着联合收割机从田间收获谷粒。收割机可以一次性完成切割、脱粒、茎秆与其他杂物分离等多道工序。脱离出的谷粒直接进入收割机内部的储斗，而剩余的秸秆则留在田中。如果储斗满了，农民伯伯就会把储斗里的谷粒转到挂斗中。整个过程只需要按一下按钮，机器就会自动完成。

碾磨

运送到碾磨间的谷粒要先接受筛选。完好的谷粒送去清洗，筛除秸秆碎末、泥土或小石子。清洗完毕后的谷粒，会用过滤设备使谷皮、胚芽、胚乳相互分离，再分别进行碾磨。磨成的粉末放入回转平筛中进行精细化过滤。碾磨方式不同，产生的面粉也不相同：粗磨面、细磨面、麸皮或面粉。用这些面粉还可以生产出许多不同的产品。

快收

只有谷粒变干之后才能收割。如果谷粒还是潮湿的，或在收割前被淋湿，那么谷粒就有腐坏的危险。因此你在夜晚或周末会看到农民伯伯开着联合收割机工作的身影，这是为了赶在下雨之前及时收割，并将谷粒运送到干燥的地方储存起来。

70

烘焙

制作面包最重要的原料就是面粉，再加入水、酵母、盐等和面并制成面团。机器负责将所有上述原料充分混合、揉捏，然后让面团醒一会儿。在此过程中，面团在酵母的作用下变得蓬松柔软，口感也更佳。发酵完成后，大块面团会被分成一个个小块面团。接下来将面团制成各式各样的面包形状，这些面团在送入烤炉之前还要再醒一会儿。

面包店

早上很早的时候你就可以在面包店买到还热乎乎的各类面包。品种多样，选择颇多。比如德国就有超过300个面包品种。大部分品种的面包你都可以在面包店买到，比如全麦面包、黑麦面包、小麦面包和不同的混合面包。你最喜欢吃哪一种面包？你一定在家做过这样的事情，切一片面包，涂上黄油或果酱，然后包起来放进书包。这样，你就为上学和课间做好一切准备了。

批量生产

许多面包都是批量生产出来的。面团从生产线的起始端到末端被烤制成功之前，还要经过多条长长的烘焙线和运输线。烤制好的面包由机器自动包装，随即运送到超市。

71

跳绳是从哪里来的？

跳绳是由完全不同的材料制成的。有些是由天然纤维制成的，有些是由聚合纤维制成的，比如尼龙等人工纤维。在人工纤维出现之前，人们通常会使用亚麻、大麻、西沙尔麻、黄麻、棉花或椰壳纤维来制作跳绳。

有关椰子树
- 生长在热带
- 最高可达 30 米
- 拥有 20 ~ 30 片叶子
- 叶子最长可达 6 米，呈羽状

生命之树

椰子树是应用价值极高的树种。没有任何树种能够像椰子树一样有这么多可利用的部分，因此当地人都称其为"生命之树"。椰子树从树干到树叶再到果实，都可以经过加工而为我们所用。比如人们会用椰子树的树干和叶子来盖房子，用椰子树叶编篮子和袋子。椰子汁可以制成提神的饮料，也可以用来做菜，椰肉还可以加工成糖果。椰壳纤维可以用来制作毯子、脚垫或者跳绳。

从椰子树这里启程

椰子树的果实椰子长在树干高处。与香蕉相似，椰子也呈簇生长。每簇包含 6 ~ 12 个椰子。但是想要得到它们你就必须爬到很高的树上。这项工作通常是由年轻的男性来完成的。他们爬上树干，摘下椰子后从高处扔下。这项工作是非常危险的，因为椰子树极其高。经常会出事故。

有关椰子

- 不是坚果，而是核果
- 外壳颜色：绿色、黄色、红色
- 最重可达 2.5 千克
- 核外有厚厚的纤维层包裹
- 通常在未成熟的状态下采摘

椰子树上的猴子

因为采摘椰子这项工作非常危险，所以在泰国这项工作有时由猴子来完成。人们训练猴子爬上椰子树，用扭转的方式把椰子摘下。猴子的主人站在地上用口令指挥它去摘下一个椰子。能够摘椰子的猴子对于主人来说是非常有价值的。主人会像对待宠物那样饲养它们。就像你会和家里的小猫咪一起玩耍一样，那里的孩子们也会和猴子一起玩儿。

73

给椰子"脱衣服"

直接从椰子树上摘下来的椰子和你平时看到的椰子大不相同，在商店出售的椰子实际上是椰子的核。其实，在这个核外面还有一层很厚的纤维层。所以在某种程度上我们可以说椰子"穿了一层衣服"。想要用椰壳纤维来制作跳绳就必须先把外壳和纤维层分开。接下来把纤维束泡在水里几个月，比如放在罐子里或干脆放在河里。果皮和其他可溶于水的部分都会随着时间的流逝腐烂掉。剩下的就是纤维了。

刚刚从树上摘下来的椰子

74

软纤维，硬纤维

椰子往往在未成熟时就要对其进行采摘，此时纤维还很软，可以用来制作跳绳。成熟椰子的纤维是含木质的纤维，用来制作跳绳就太硬了，所以人们会用它来制作床垫或坐垫。

敲，敲，敲

在对椰壳纤维进行加工之前，要先将其干燥。然后不断地敲打和踩踏，使其变得柔软。过去，这项工作都是由女人来人工完成，而现在大部分由机器来承担。当椰壳纤维被敲得足够软时，看上去就像是羊毛。

纺纱厂

椰壳纤维看上去很松散，但实际上都相互交错在一起。这就给我们提供了良好的条件来把它们纺成一条长长的绳子。人们可以徒手完成或者在工厂里进行。为了使绳子更结实，人们通常会扭转它们。先单独扭转每条绳子，然后再把许多条绳子扭转在一起。这样，一条单薄的绳子就变成了一条坚固的跳绳，甚至能够变成将船只固定在海边的锚链。

制绳工人在扭转纤维绳来制作跳绳

按尺寸制作

根据用途的不同，纤维绳有长有短，或者直接制成完全正好的尺寸，或者之后剪成想要的长度。制作完成后，将绳子盘在一起或编织在一起以免打结。这样，你的跳绳就做好了！

躺在椰子树下

对于许多人来说，躺在椰子树下做梦是一个很美好的梦想。对你来说也是吗？要是这样的话最好事先看一下上面，确定树上没挂着椰子。因为平均每年都会有150人因坚硬的椰子掉落砸到头部而死去。这是真的！

墨水是怎样装进钢笔里的？

用墨水写字是一件非常神奇的事情。至少大多数孩子在学校里第一次用钢笔写字的时候都会这样认为。但是很快就有可能出现不愉快的事情：纸上会出现一片墨迹或者笔迹会散开。这在早前也是如此，但是不会有人为了避免这样的麻烦而丢掉墨水，因为墨水和纸张在当时要比现在昂贵得多。

像埃及人那样书写

在大约 5000 年前，埃及人就已经生产出了墨水。但是那时的墨水与我们今天看到的墨水还不太一样。当时埃及人把炭黑和水混合在一起，用灯芯草蘸着这种混合液体在莎草纸上书写，这样就出现了黑色的字迹。如果想写出红色的字迹，人们就会在混合液体中加入含有氧化铁的泥土和一种黏合剂。

清漆和墨汁

中国人是首先用清漆写字的人。他们使用的书写工具是竹子，后来又用墨汁代替了清漆。这种墨汁用炭黑、灯油和胶配制而成。人们会将这种混合物压制成长条形风干。当人们想写字的时候，就从墨条上磨下一些粉末，混着水来书写。墨条直到今天还存在着，被应用在书法之中。书法是一种很美的书写艺术。

76

从螯针到墨水

在公元前3世纪的笔迹中你可以找到鞣酸铁墨水的配方，其中最重要的原料就是五倍子。五倍子为角倍蚜在盐肤木上寄生，刺伤其嫩叶或叶柄所形成的虫瘿。将五倍子剁碎后放入水中熬煮，然后加入铁盐和一种黏合剂（比如阿拉伯树胶）进行混合。黏合剂的作用是防止墨水凝结成块。你在牛奶中也可以看到类似的现象，牛奶腐坏的时候就会凝结成块。

直到今天也未能超越

鞣酸铁墨水的持久性很长。用它来书写的记录在经过几世纪的洗礼之后仍然清晰可见。因此直到今天，还有很多重要文件，比如合同是用鞣酸铁墨水来写的。

动物的墨汁

墨鱼之所以叫墨鱼就是因为它会喷墨。为了使用墨鱼体内的墨汁，人们会摘掉墨鱼的墨囊，风干，然后捣碎、碾磨，接下来加水和黏合剂充分混合，最后得到棕黑色液体。这种颜色被称为乌棕色（sepia），墨鱼也因此而得学名"乌贼（Sepien）"。但是真的可以用它来写字吗？当然可以。现在人们主要将其应用在食物上，比如面条的染色，或水彩画和书法上。

彩墨

墨水除了黑色和深棕色之外，还有着一系列其他的颜色。这些颜色是从多种矿物质、植物或动物中提炼出来的。比如从紫螺汁中可以提取到微褐色的墨汁。用彩色木头以及像钴这样的矿物质可以获取黄色、绿色和蓝色墨汁。就连金银都能用来调色。但是这些特殊的颜色非常昂贵，不是每个人都能用来写字的。

78

书写工具的变革

在墨水的制作方法发生改变的同时，书写工具也进行了革新。继灯芯草和竹子之后，人们开始使用羽管作为书写工具，而且一直沿用了几百年。羽毛笔的制作过程是抽去羽毛管内部物质，硬化笔杆，最后削出笔尖。

今天的墨水

今天，你再也不必为了在学校使用钢笔写字而事先风干墨鱼了。太幸运了！现代钢笔水多是由水和人工颜料制作而成。除了蓝色、棕色、绿色、黑色和红色外，根据潮流时尚的不同，还新兴了不少更加抢眼的颜色，如橘色或青绿色。除水和颜料外，墨水中还会加入防腐剂，以防止墨水发霉，以及长时间保持流动性。

墨水笔漏水……

用羽毛管和墨水瓶写字有时是很麻烦的事情。因为书写者总是要高度警惕不要让墨水滴溅到纸上。所以后来人们发明了铁制的笔尖，然后再插入笔杆中使用。但仍然需要不断地把笔伸进墨水瓶里蘸取墨水才能写字。直到 19 世纪才出现了蓄水钢笔，简称钢笔。蓄水钢笔已经可以把墨水填充到笔内使用，不需要时刻蘸墨水了。但是墨水却无法以稳定的速度流出，有时流得多，有时流得少，而且写字时还是会经常漏水。

可以替换不同笔尖的笔杆

79

……以及一项发明

这项发明是路易斯·艾臣·华特曼（Lewis Edson Waterman）（1837–1901）在纽约创造的。据说，有一次他的墨水笔漏水，不慎将一份合同弄脏了，因而生意被延误。为了使这类事情不再发生，华特曼发明了一种现代墨水笔。那是在 1883 年发生的事情，至此之后，墨水笔就拥有了新型的给墨装置，可以流畅地给墨。你可以查看一下，你的钢笔中也装有这样的装置哟。

墨水的旅程

当你把墨水囊装入钢笔的时候，钢笔内部的一个小塞子就会把墨水囊上的小球向里推。小塞子上有两条细细的通道出水口直达笔尖。墨水就通过这两条通道从墨水囊流到笔尖。你在写字的时候，纸张吸收了笔尖的墨水，同时会有新的墨水从墨水囊中流出。而且流出量也恰好是你需要的量。于是就再也不会出现钢笔漏水的现象了。

在业余时间

当你空闲时，你或许会和朋友们一起踢足球或者用粉笔在人行道上画画。夏天，你会跑到冷饮摊，用妈妈给的零花钱买一个冰淇淋吃；冬天，你会舒服地坐在书桌前玩拼图游戏。但是你知道你在做这些事情时所接触的事物是如何建造、缝制、印刷或混合出来的吗？而有些东西在加工时，你甚至会身临其境地观察到，比如石膏。

书桌是从哪里来的？

你几乎每天都会坐在书桌前，比如伏在桌上画画或者做家庭作业。你书桌的抽屉里是不是装满了练习本，书桌上或许还有一个挂书包的挂钩？你的书桌是新买的吗，还是从你爸爸那里传承下来的呢？如果是那样，那么你的书桌就有着相当长的历史了，几乎与木头的历史一样长了，因为那时的书桌都是用木头做的。

一棵树长成了

森林里，新树和老树交错林立。这对于森林的再生是很重要的，也就是专业人士所说的"更替"。如果一棵树的种子或果实跌落于森林的土壤中，那么在好的条件下，比如充足的雨水和丰富的营养物质的作用下就会长成一棵新树。一棵树可以活到几百岁。但是大多数树木在那之前就被砍伐，加工成木材了。

标点、画线

森林管理员负责在森林里挑选要砍伐的树木。用于制作书桌的树木必须是长得笔直的树木。用来制作纸张的树木长得有点弯曲则是没有问题的。挑选完毕，森林管理员就会在确定要砍伐的大树树干上做出标记，标点或画线。这样林业工人就能准确地找到需要砍伐的树木了。

"注意，树要倒了！"

伐木分为手工伐木和机械伐木两种。伐木工人通常会在浓密的森林或陡峭的山坡上作业。如果用电锯伐木，在锯断树干之前，会先在树干根部锯出一个锯口，然后在锯口处打入楔子使大树倾倒。接下来砍掉所有树枝，再将长长的树干切割成小块。如果使用伐木机，所有这些工作可以在瞬间完成。抓取、锯断、去枝、切块，完成！

去皮、锯开

载重汽车会把砍伐下来的树干运送到下一站——锯木厂。原木在锯木厂经过一条长长的传送带后被削皮机削去树皮。为了使削皮进行得更容易，人们会事先将树干泡在水里软化。然后用电脑计算出锯开每一个树干的方式，要尽量避免错误的裁剪，争取不浪费一点木材。树木走过锯刀，就被裁剪成计算的大小。

外部和内部

除直接使用原木外，木材都会被加工成板方材使用。因为树干是圆的，所以用原木上部和下部加工成的板方材总是比中间的窄。上下的木材叫作"边材"，中间的木材叫作"心材"。

83

从厚到薄

84 　如果树干很粗，那么就先对其进行切割，再把厚木板锯薄。木板经过带锯机被继续切割变薄。你可以把它想象成高高的蛋糕底被一层层切薄的过程。最后再用带锯机把木材切割成固定长度的木板，堆放在一起。

一块又一块

制作书桌的不同部分需要不同的木材，桌面需要用厚的板子，抽屉需要用薄一点的板子，桌腿需要用到方材，也就是方形的小木块。这些木材可能源自不同的树木。

高高的木板堆

　刚刚锯开的木头还很潮湿。这不奇怪，因为几天前树根还在把树汁经树干输送到树叶。在继续加工木板之前，必须先干燥。这是必要的，因为湿木头会变形，呈波浪状。如果那样的话，你的桌面就不再是平的，而是波浪式的了。所以工人们会把木板堆叠在一起，形成高高的木板堆。有时，还会把堆在一起的木板存放在加了屋顶的库房里几年的时间。

家具工厂

家具工厂要制作书桌等家具就需要先购买干燥的木头。将原木的边缘锯掉，再按照需要裁剪成不同长度的木板。长一点的木板用来制作桌面，短一点的木板用来制作抽屉。大一点的桌面通常是用好几块木板拼接而成，也就是将木板相互排列在一起，再用黏合剂黏合在一起。但此时木头还很粗糙，因此要用刨刀刨平。

不只有木头

如果你仔细地观察一下你的书桌会发现，它不仅仅是由木头构成的，还有螺丝和角钢来将各个零部件连接在一起。有了把手，你可以自由地开关抽屉；有了挂钩，你可以把书包挂在书桌上。

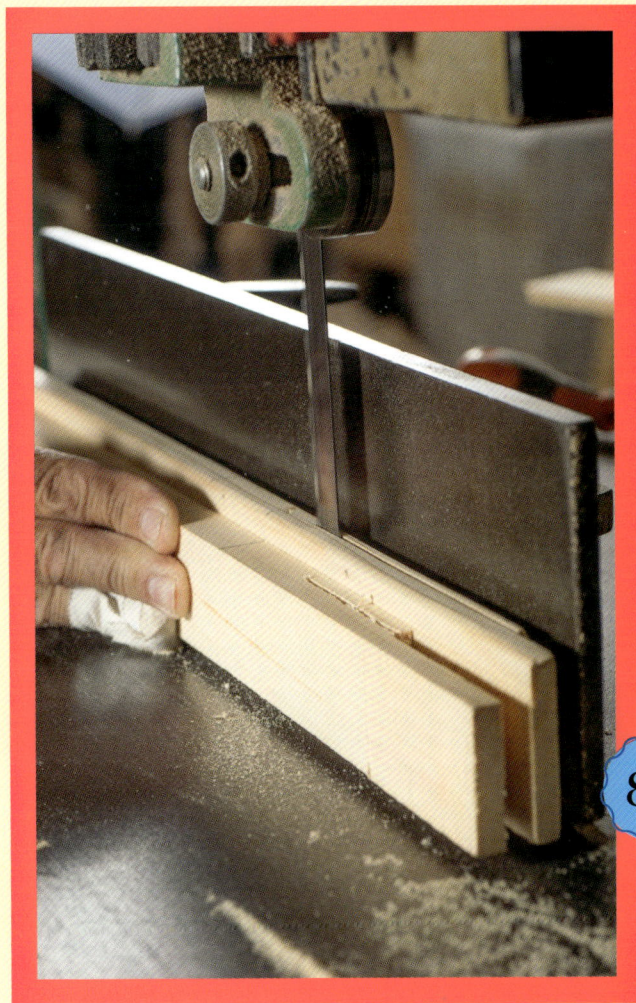

85

美化

其实你的书桌还包含很多的部件。黏合在一起的桌面还需要根据尺寸进行切割、打磨，直到表面光滑、棱角圆润。其他部分同样也需要打磨。为了使木头耐脏，就需要多次上漆或上油。当所有的部件都完工的时候，再将它们组合在一起，你的书桌就做好了。

颜色是从哪里来的？

一个世界要是没有颜色会是怎样的？你一定很难想象。我们到处都能看到颜色：盛开的花朵、动物的皮毛、土壤和天空。如果天是蓝的，那么我们的心情也会随之变好；如果天是灰的，那么我们也许也会变得悲伤起来。颜色影响着我们的心情，甚至还有着特殊的意义。红色代表爱情，绿色代表希望。所以人类自远古时期就开始使用颜色来画画，让他们的环境变得更美好。

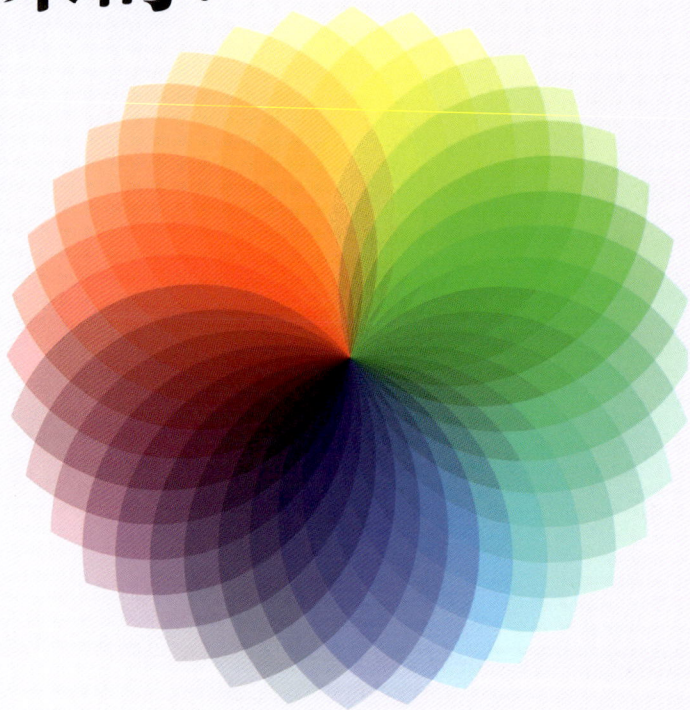

86

黑洞是什么样的？

在 30 000 年前，地球上生活着山顶洞人。与名字不相符的是，他们大多数的时间不是生活在黑暗的洞穴里，而是生活在广阔的露天中。但是他们还是会寻找洞穴来抵御暴雨和野兽，并把洞穴当成一种文化中心来使用。在许多洞穴之中，人们都可以找到漂亮的、五颜六色的皮毛制品。但是你不禁会问了，这些颜色从何而来呢？

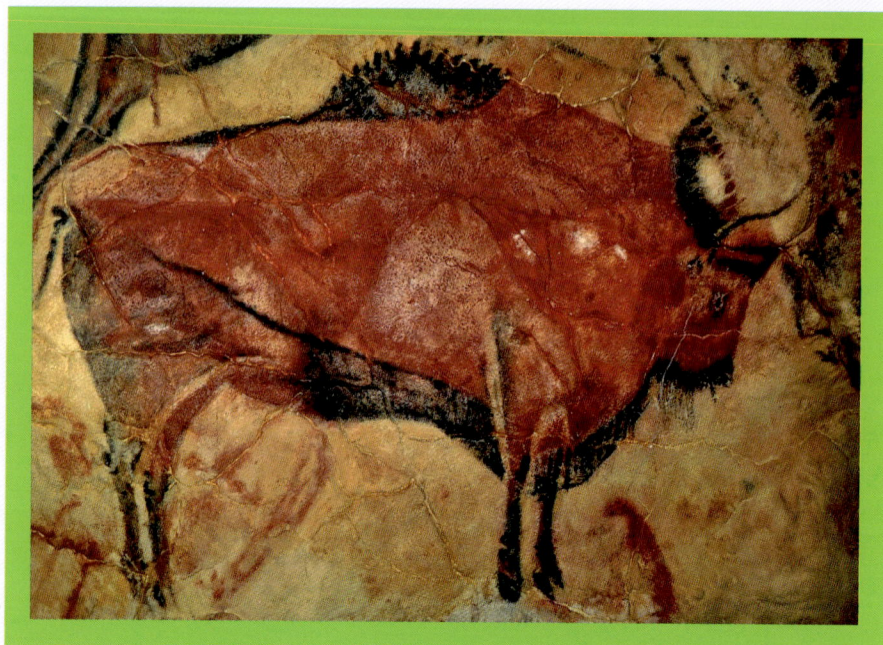

西班牙阿尔塔米拉（Altamira）洞穴中的野牛洞穴壁画

土壤的颜色

我们今天所使用的画笔古时候当然是没有的。因此，当时的人们会用土壤和岩石来画画。或许对于你来说，土壤还有不同的颜色是异乎寻常的，但事实却是如此。比如从黏性土地中能够提炼出赭色素。这种土中含有有色金属和矿物质，如棕色、黑色或红色。白垩中含有白色素，这你是知道的，因为粉笔就是白色的。

变蓝的舌头，
变红的 T 恤衫

你一定有过使用植物颜料的经验了。植物的哪些部分能够染色是大不相同的。有些是果实，有些是叶子，有些是树皮或者树根。新鲜的核桃壳可以提炼出棕色素、胡萝卜可以提炼出黄色素。吃蓝莓的时候你的舌头会变蓝，樱桃汁会在你的 T 恤衫上留下红色的污渍。

87

植物颜料

当时，人们从植物中也可以提炼出颜料。一些植物的根和叶的染色能力极强。比如你在古物上能看到的蓝色有可能就是用板蓝根的叶子染上的。古时候在战斗时，战士们会在脸上涂抹颜料，用青绿色的面孔把对手吓跑。植物汁液同样可以用来提取颜料。从木炭和炭黑中可以获取黑色颜料。

动物颜料

动物体内的血液或其他液体也可以用来染色。比如用墨鱼的墨汁提取棕黑色颜料，用紫螺蛳的腺体提取紫红色颜料，这种颜料在当时极其珍贵，只有统治者才能使用它。

靛蓝色可以从菘蓝属或槐蓝属植物中得到

天然颜料的产生

石器时代的人们为了从石头中获取颜料可谓是花了大力气。石头要经过磨碎、筛选、洗涤和干燥，这样就产生了粉末。最后再混合水、唾液或者油脂制成绘图用的颜料。植物颜料经常会是汤汁，是一种将植物某一部位切碎而获取的液体。在用它来绘画或涂染之前还需要放置几天。更容易获取和使用的要数牛血，不需要再加工，直接干燥之后就可以得到红棕色的颜料。

人造颜料

在 5000 年前，埃及人制造出了人造颜料。将矿物燃烧，再混合在一起形成颜料。颜料"埃及蓝"就是在 1000 摄氏度的高温下产生的。矿物熔化会形成一种玻璃物，冷却之后就可以用来作画了。

没有画笔？没关系！

在山顶洞人时期还没有发明画笔，人们只能用软树枝或手指来画画。有时甚至直接将颜料吹到墙上。

化学颜料的产生

现如今，大多数颜料都是化学制品。一个好处是颜色的持久性更强，也就是说，不会很快褪色，能够更好地附着在基础材料上。当你粉刷你的游戏房或用水彩颜料画一幅画时，不用担心明亮的黄色会很快失去光彩。另一个好处是，人们可以大批量地生产出颜色一模一样的颜料来。比如你的父母用来刷墙的涂料买少了，需要再买一桶新的，那么你会发现第二桶颜料和原来的颜料看上去没有任何区别。

充分搅动

化学颜料由颜料、溶剂和黏合剂组成。黏合剂负责使颜料很好地附着在基础材料上。放在颜料桶里的颜料在使用之前需要搅动一下。为什么呢？因为黏合剂在一段时间后就会与颜料分开，那么桶里会出现两层物质，所以在涂颜料之前就需要使它们重新混合在一起。你的水彩颜料也是如此，时间一长，颜料就会下沉。

89

按照配方生产颜料
为了让颜料看上去完全一样，所有的生产成分都要严格按照配方称重。就像烤制面包那样。

钱是由什么构成的？

你平时会有零花钱吗？如果有，那么你可能会定期从父母那里拿到几个硬币或者一张纸币。你可以用它们来买糖果或者玩具。当然，你也可以用钱来兑换其他物品，比如一个用皮革做成的足球。用纸换皮革？这听上去很划算的样子。但是真的是纸币是用纸做的，硬币是用金银做的吗？

交换······

过去人们是这样交换的：面包交换鱼或一头驴交换一把刀。当时还没有你现在所使用的钱币，人们生活所需要的东西必须通过交换得到。但是随着时代的发展，这种交换方式变得越来越困难。

······或者支付

比如铁匠需要蔬菜，但是菜农却不需要铁钉的话，交易行为就无法进行了。所以人们开始启用有价值的贵金属，如金或银来进行交换。铁匠用小金块来换蔬菜，之后菜农可以用这些小金块去换来别的物品。

钱币

第一枚钱币是用金属按照重量打造而成的。人们用铜、银、金，或者金属混合物来制作钱币充当通行货币，也就是法定的支付工具。

铸造硬币

第一枚硬币铸造于公元前 7 世纪。在今天的土耳其地区当时生活着吕底亚人。他们的统治者是国王克里萨斯。关于他还有一句谚语"你以为我是土财主吗？"，用以形容某样东西非常贵。在硬币的表面有相应的标识来体现它的价值，在我们今天使用的硬币上也是如此：比如 5 分钱的硬币上有个"5"，意味着你可以用它来购买价值 5 分钱的物品。从此人们就不用每次购买都称重钱币了。

纸币

随着时间的流逝，金银的储藏量渐渐地不足以用来铸造钱币了。于是就出现了纸币。它曾经是一种债券，用于保证持券人能够获得与债券所写价值相应的货物。但是纸币在当时并不流行。欧洲直到 17 世纪才开始广泛使用纸币，而中国在 9 世纪时就发明出了纸币。

欧元纸币

现在用纸币支付对于你来说是理所当然的事情。每一张纸币上都印有它的价值，从 5 欧元到 500 欧元不等。你也许有过这样的想法，这不就是纸吗？我可以复印几张，然后拿去购买我想要的物品。但是钱币是不能复印的，而且也是被禁止的。因此许多复印机里都安装了保护装置来防止此类事件发生。此外，你有没有发现纸币的纸张与其他纸张摸上去不一样？那么纸币又是由什么构成的呢？

纸币不是纸

练习本的纸张是用木头制成的，而钞票，纸币的另一种称呼，却是用棉花制成的。为了使钞票不像你的T恤衫那样柔软，钞票都会经过特殊处理。但是到底使用了怎样的特殊工艺，是必须严格保密的，因为要防止有人制作假钞票。

确保安全

为了防伪，制作钞票不仅仅需要使用特殊的"纸"。真正的纸币上还有编码的防伪条、水印，以及你能够触摸到的特殊印纹。

印制钞票

不是随便谁都有权印制钞票，只有国家指定的印钞机构才可以。比如德国的德国联邦印钞公司、奥地利的奥地利国家银行，以及中国的中国人民银行。而且这些地方都被严格保护，谁都不能轻易出入。印制钞票所用的材料就是我们上述的特殊纸张，人们已经事先在上面加工好了防伪条和水印。机器将整张纸收进，然后相继印上不同的元素和颜色。整张纸印制好之后，再切割、包装，送入银行。

印制失败
在印制过程中出现错误的纸币都会被挑出来，然后销毁掉。

德国联邦印钞公司的钞票切割机

硬币里有什么？

在德国，欧元有 1 分、2 分、5 分、10 分、20 分和 50 分，以及 1 元和 2 元的硬币。它们是由不同的金属制成的。1 分、2 分、5 分的硬币是用铜制成的，而用来制作 10 分、20 分和 50 分硬币的是一种叫作北欧金（Nordic gold）的材料。这种材料用铜、锌、锡和铝混合而成。1 元的硬币上有两种颜色，材料也不相同，外圈是黄铜，中心部分是铜镍混合物。

铸造硬币

为了铸造硬币要先熔化金属，然后冷却并轧制成薄薄的一层。接下来在金属板上用印模冲压出坯件。坯

合二为一

有的欧元硬币由两部分构成：中心和外圈。在铸造这样的欧元硬币时，先分别铸造两部分的坯件，然后再把两部分放在一起，用高强度的压力使两者结合在一起。这样两部分就不会再分开了。

件的大小和硬度与后来的硬币是一样的，但是坯件至此还没有"脸"。硬币上"脸"的样子要用机器从上到下高压压制出来。黄铜制的 1 分、2 分、5 分硬币还需要多一道边缘开槽的工序。

平皮革是怎样变成圆足球的?

你喜欢踢足球? 那么你并不孤单。全世界有2.4亿人在追赶着这个"圆皮革",并试图用脚或头把它踢进对方的球门中。如果成功了就会得到震耳欲聋的欢呼声,如果没成功,那么就是这颗球的责任了。这个借口在今天似乎还说得通,但是在过去就说不通了,因为当时的球并不总是圆的。

离球门还很远?

在遥远的中世纪的英国,人们将球从一个村庄踢到另一个村庄。球队的目的是把球踢进另一队的球门里。因为有时村庄与村庄之间相隔得很远,所以两个"球门"之间往往相距几公里。幸好今天已经不再有那么大的球场了。

94

用手还是用脚？完全无所谓了！

在4000年前的中国就已经出现了类似足球的比赛形式，目的是为了让士兵们保持精力充沛。古时候的希腊人和罗马人也玩这种球。当时的足球用塞满填充物的兽皮制成，或用吹起的猪膀胱当足球。现代足球比赛的规则在当时还没有，球可以用手扔，所以也不存在犯规。

曾经的皮革足球

过去，足球由皮革制成。先将兽皮制革，剪裁成条状，然后再缝制在一起。内部还有一层吹了气的猪膀胱，当时的足球都是棕色的。由于不断地踢打和投射，球很快就会变形，而且容易吸水变沉。用现代足球你可以做出精准的射门，而用当时的皮球就不可能了。

人造革足球

你训练时使用的足球是用人造革制成的。这种材料有很多好处：它不易吸水和变形，而且比皮革轻。在制作足球之前要先生产人造革。人造革由一层泡沫塑料和多层用橡胶皮革组合而成的织物组成。最外面还有一层白色的塑料薄膜。将这些材料相互黏合在一起，然后进行压制，再隔夜干燥。

由角变圆

在人造革条上裁剪出大量五边形和六边形的"蜂房"。将五边形染成黑色，六边形染成白色。第一颗足球上共有16个蜂房，后来的足球慢慢地变成了32个蜂房。

95

刻印和模压

今天，足球不再是棕色的了，也不再只是黑白色，而是可以印制出五颜六色的足球，比如印上世界杯的图标。图标和其他图片可以印在白色薄膜上。下一步就是在人造革上用印模冲压出五边形和六边形拼接块，还要钻出日后缝制时需要的小孔。每个足球需要20块六边形和12块五边形拼接块。为了以后能够给足球打气，还需要在其中一块六边形的中间钻一个孔来安装气阀。

拼接块的旅行

制作足球时要先点清拼接块，然后把它们捆在一起，送往巴基斯坦。我们能够买到的足球，大多数都是在那里缝制出来的。

96

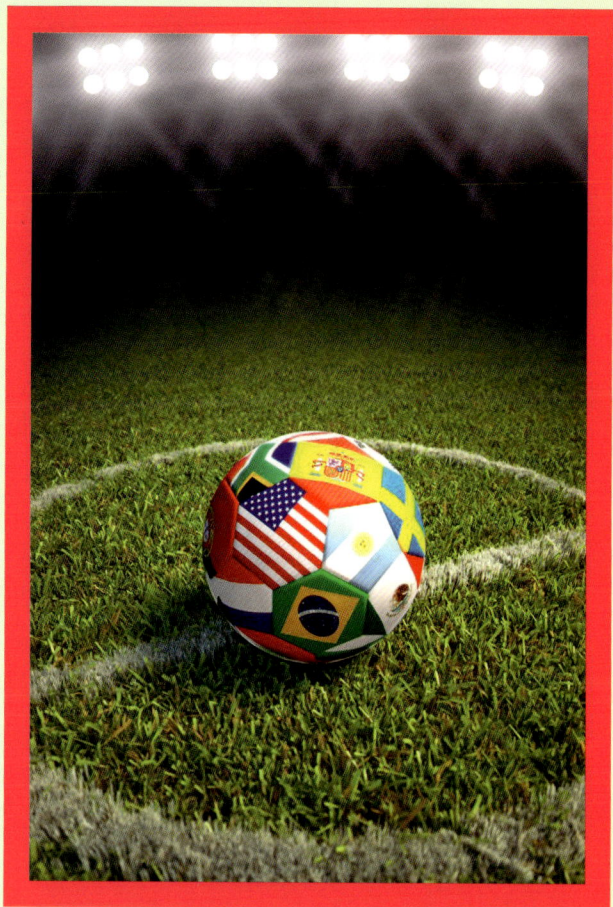

即使不用颜色来区分，还是能够看出现代足球也是用五边形和六边形缝制出来的

缝制

现在就要将足球的各个零部件组合在一起了。人们总是从左边开始缝起，缝制用的线也是塑料制品。为了更容易缝制，且保证日后防水，缝制工人会在皮革表面涂一层蜡。将六边形和五边形相互叠加，然后用两根针将线缝缝合在一起。一根针从上面穿入小孔，另一根针从下面穿入小孔。这样缝出来的足球更结实。

赞比亚也是足球缝制地

合二为 32

缝制足球的过程是先将拼接块两两缝合，再与下一部分组合在一起。缝合至 16 块拼接块时就完成了足球的一半，然后再与另一半缝合。在全部缝合完毕之前，还需要将足球整个翻过来。这是一件相当费力的工作。翻过来的目的是在足球内部装一个橡胶囊，囊上再插入气阀。接下来要将橡胶囊粘在拼接块上，然后将最后一条缝隙缝合。

一切准备就绪了吗？

缝合完成的足球现在要返回到我们身边了，但是在进入市场之前还需要进行打气和检验。球里还有空气吗？缝合处结实吗？漂亮吗？重量符合标准吗？如果所有问题的答案都是肯定的，那么它就可以进行销售，正式应用到足球比赛当中了。它到底能射中几次球门呢？让我们拭目以待吧！

97

2006 年在德国举办的世界杯上的足球"团队之星"（Teamgeist）

结束前的最后一道工序

结尾处的缝合是唯一不用从左侧开始缝制的地方。为了让它看起来与其他地方无异，这里还要应用到一项特殊的技术。线就像一座桥一样搭在缝合处的两边，然后在尾部一起穿进去，这样线缝就进入内部，看不到了。

石膏绷带是用什么做的？

哎呀！我的天啊！你在手球比赛中使尽全力射门的时候，不小心跌倒了，还很不幸地摔断了胳膊。于是你被送去医院，医生给你打了石膏。整个球队都允诺会在上面签字。打上石膏的感觉如何？你想知道它是怎样被打到胳膊上的吗？石膏是用石头做的吗？如果是，那么究竟是用什么样的石头做的呢？

石膏在过去的用途

人类在 10000 年前就开始使用石膏了。比如用石膏来砌房子、做餐具、压制模型等。埃及人还用石膏来雕刻塑像和制作面具。你在学校或许已经制作过石膏面具了。现在的制作工艺与当时是很相似的。此外，希腊人还用石膏制作雕塑的铸模。

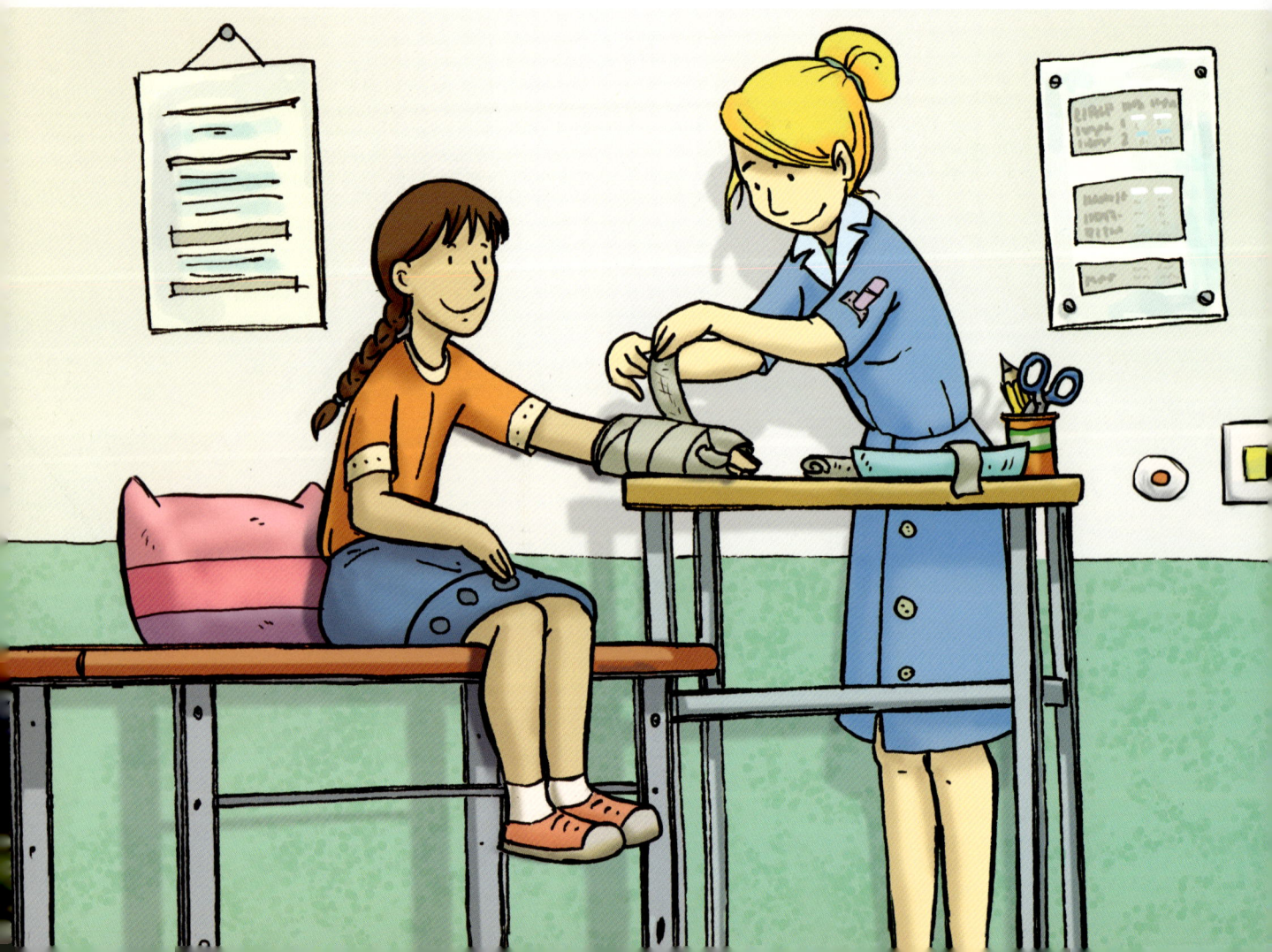

石膏来自哪里？

今天，当你想要制作石膏面具的时候，通常会去建材市场或者药店买石膏。那么埃及人呢？他们可能是从采石场获取石膏的，因为石膏是一种常见的矿物质。它的化学名称为硫酸钙。

地上还是地下？

石膏既可以在地下也可以在地上开采到。开采方法与其他岩石的开采方法几乎无异。你或许已经去过矿山了。那么你就会知道，在那里有一条条坑道穿过大山之间。坑道就是矿工们工作的地方，矿工们用机器凿碎岩石，就像我们从墙上凿下石膏一样。几天之后，矿工们的工作会简单一点。当覆盖在石膏层上的土层清除掉之后，就可以立刻开采石膏了。

注意，爆破！

过去，开采石膏是一项很费力气的工作，需要手工打破墙体或山体，然后对取得的岩石进行研磨。现在，一切变得简单多了，因为人们可以在井上和井下实施爆破。在岩石层上每隔一段距离钻一个爆破点，把炸药包埋进洞里，然后迅速离开，进入安全地带！点燃炸药，岩石就被炸开了，最后再用挖土机把碎岩石搜集起来。

到石膏矿区去郊游

在德国、奥地利和瑞士有许多石膏矿石开采地。你可以到那里去参观矿山或博物馆。

石膏厂

爆破产生的岩石块很大，需要打碎，那么就需要用到碎石机。通常在矿坑里就配有这样的机器。接下来把碎石块运往石膏磨坊。碎岩石在那里被碾磨、筛选，直到颗粒成为规定的大小。然后送入窑炉烧制，最终得到生石膏。

100

石膏的秘密

在烧制时，石膏中的水分丢失，石膏变干燥。这就像把潮湿的衣服晾到暖气上，衣服会变干一样，因为高温使水分蒸发了，对于石膏来说也是如此。经过烧制之后，石膏会被再次加入水分，使两者充分混合，以便加工成新的物品。

石膏会变成什么?

在不同的温度下，石膏可以加工成不同的石膏制品。比如在 80 摄氏度下烧制石膏，可以得到石膏花饰或石膏模型。在超过 300 摄氏度的情况下，石膏又会变成建筑材料。比如将烧制好的石膏加工成石膏板或把干石膏磨成粉末状装袋出售。

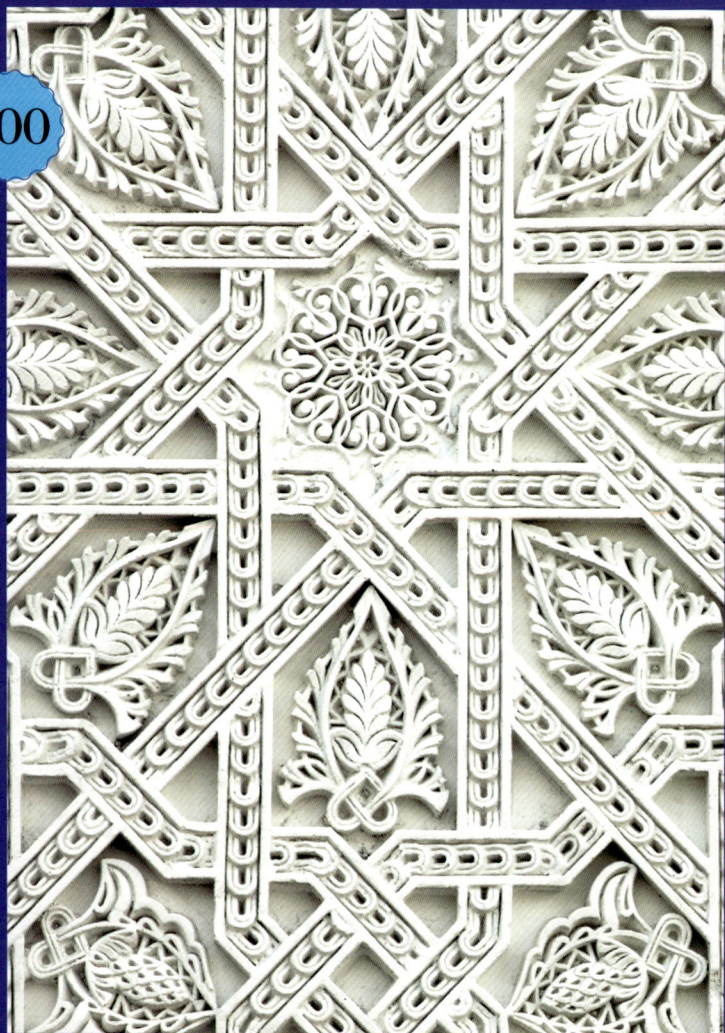

这些漂亮的墙壁装饰或天花板装饰也是用石膏制成的，人们将其称为石膏花饰

全部是石膏制品

　　石膏主要应用在建筑领域。石膏建材的形式多样，比如用于室内建筑的石膏板或石膏灰，还有用石膏浇铸成瓷器或屋瓦的形状，或者支撑架和石膏花饰。石膏绷带则有医用价值，比如用于医治骨折。此外，在艺术领域，石膏也做出了贡献，比如用于写字的白色粉笔和彩色粉笔都是用石膏制成的。

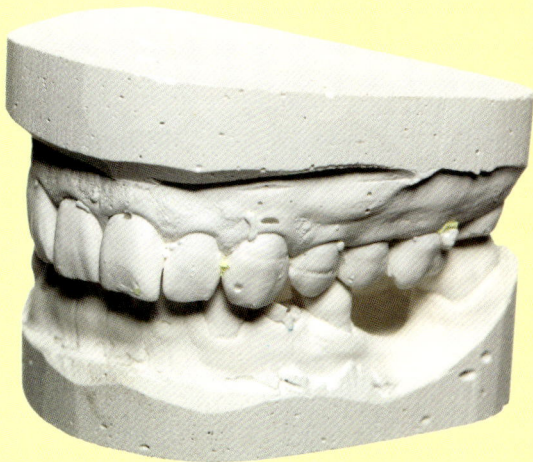

我的石膏绷带

在石膏绷带出现之前，骨折时，人们就用黏土或陶土做成的绷带来固定受伤部位。后来，人们开始使用糨糊绷带，但是需要注意一直保持干燥。自1851年开始才出现石膏绷带。医生把绷带浸入石膏就做成了石膏绷带。石膏绷带的效果极佳，因此时至今日这一应用都没有多少改变，人们只是对原材料做了改良，在绷带里加入了棉花。

用石膏固定

现代石膏绷带的主要成分是棉花带，棉花带上再粘上石膏。将石膏绷带短暂地浸入水中之后，就必须立刻使用。医生将石膏绷带缠在你的胳膊上，然后将糊状的石膏涂平。几分钟之后石膏就会全部变干，你就可以回家了。

101

在我家

　　你每天都会洗手，每晚都会枕着你最爱的枕头，用被子把自己裹得严严实实，然后甜甜地睡去。周末，爸爸妈妈会给你榨一杯新鲜的果汁，或许还会给自己开一瓶葡萄酒，然后晚上惬意地享受着烛光晚餐。那么你环顾一下四周，家里的哪些东西是你自己做的呢？哪些又是其他人或是工厂做的呢？它们是如何制作出来的呢？

软木塞是怎样塞到瓶子里的?

过生日或者平安夜的时候，人们都喜欢开瓶葡萄酒或香槟酒来庆祝，软木塞"砰"的一声跳出来，瓶子就打开了。然后，大人们相互碰杯，庆祝这一特别的日子。开瓶时你听到的"砰"的一声是软木塞被拔出瓶口时发出的声音。既然拔出时都这么费力，那么软木塞又是如何塞到瓶子里去的呢?

软木橡树

软木塞取材于软木橡树。软木橡树是橡树的一种，可以长得相当高大，可达 10 ~ 20 米。你可以想象一下游泳池里的 10 米跳台，然后再往上联想 10 米就是树的高度了。软木橡树生长的速度很慢，而且喜温，所以多生长在地中海地区。最大的种植地在葡萄牙。

软木塞取自哪里？

软木塞是用树皮制成的。所以不用伐掉整棵树，只需要剥去树皮。树皮就像一件大衣一样保护着树干免受高温和太阳光的伤害。剥去这层树皮不会伤害到树木，因为这层树皮由已死去的细胞构成，与树木正在生长的组织并不相连。

去皮

软木橡树需要人工去皮。如果你想象的是用一把小水果刀或用土豆削皮器来去皮的话，那么你就错了。工人们都是用长柄斧头来剥去软木橡树的树皮的，剥皮时要注意不能伤害树木敏感的韧皮部，因为韧皮部负责输送水分和营养物质。

数说软木橡树

树龄在 20 岁以上的软木橡树才能够去皮。你觉得这太晚了？如果你知道软木橡树可以活到 250 岁就不会这么想了。平均每 9～12 年才能剥一次，因为树皮再生需要时间。每次剥皮大约能够获得 45 千克软木。

未经许可不得剥皮

只有有经验的工人才允许对这些古老的、价值连城的树木挥舞斧头。还需练习的工人只能分配到一棵年轻的树木。剥皮工作通常在 5 月至 8 月之间进行，因为在这些月份里的温度下树皮最容易剥。剥完之后，工人们会在树木上做上记号，写上年份，这样人们就知道这棵树要在 9 年之后才能再次剥皮了。

105

压模

树皮刚剥下后是弯曲的，还保持着树干的形状。所以需要将其全部煮沸，然后把几块树皮压制在一起，直到完全变直为止。现在它们看上去就像是一块厚木板。接下来将木板切成小块，再锯成木条。然后用带圆孔模具的机器压模。冲压出的软木块进入旁边的存储箱内，剩余的带孔木条也有用处，比如用来铺地板。

106

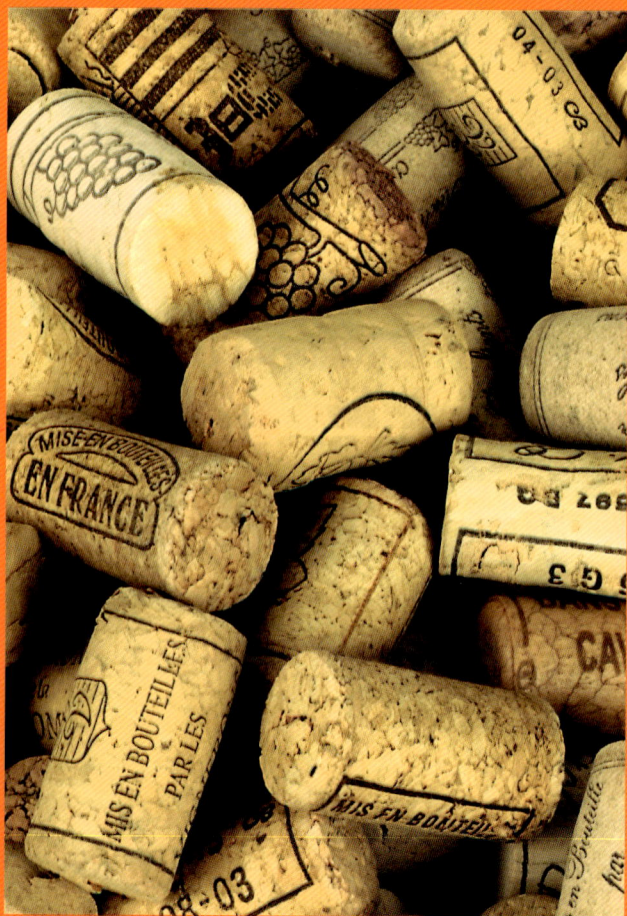

小小软木塞史

远在古希腊时期，人们就开始使用软木来密封葡萄酒陶罐了。自 17 世纪开始用软木密封香槟酒，因为用其他物品来密封这种起泡的饮品时总是会被弹出来。直到今天，香槟酒还是用软木塞来密封的，但是葡萄酒的密封却发生了些许变化，人们采用了其他方法，比如用塑料塞或螺旋塞。

从哪里来？

你仔细地观察过软木塞吗？如果观察过，那么你一定对上面的印花印象深刻。上面写了什么？软木塞上通常写着葡萄园或葡萄园主的名字。所以从软木塞上你就能判断出这瓶酒来自哪里。

把它变瘦

装瓶的过程采用全自动化设备。当饮料装满的时候，软木塞在压力作用下被压入瓶口。软木塞被压得稍窄于瓶口。在几乎要进入瓶里的时候，软木塞再次膨胀，于是就密封在了瓶口，这样就没有空气会溢出了。

装瓶，塞木塞

107

闻一闻软木塞

你有没有发现一个奇怪的事情？大人们在打开葡萄酒瓶的时候都会闻一闻软木塞。他们为什么这样做呢？那是因为他们要检验软木塞是不是有难闻的气味。如果有，那么葡萄酒的口感也不会好。专业人士会说酒有一股"木塞味"。其罪魁祸首就是树皮里的微生物。

回收利用

空瓶可以变成再生玻璃。那软木塞呢？你可以用它来做小人儿或小船，当然，也可以退给商店。软木塞是一种很重要的可再生原料，许多地区都专门设有软木塞收集箱，收集来的旧软木塞转化为颗粒状后，经过再次加工，就可以成为原材料，如用于绝缘材料，甚至建筑原料。再生软木特别适合建造框架建筑。

各式各样的瓶塞、瓶盖

玻璃杯是用什么做的？

你 每天都会接触到玻璃。你透过玻璃窗看向花园，在玻璃板上切蔬菜，享用着玻璃杯里的牛奶。假如你不小心把玻璃杯掉在了地上，玻璃杯会瞬间摔成碎片，那么你就不得不到商店里再买一个新的。商店里的玻璃杯都是生产厂家提供的，但是玻璃杯是用什么做的呢？

自然的力量

其 实在玻璃杯发明之前，它就可能已经存在了。你觉得这根本不可能？看完下面的解释你就会理解了。之所以说可能，是因为通过自然的方式也能够产生玻璃，比如闪电击中沙子或者火山发生喷发。在这些过程中产生的高温能够使沙子形成玻璃状的岩石。黑曜岩，一种黑色的玻璃石，就是这样产生的。黑曜岩的棱角非常尖锐，因此石器时代的人们会把它当作切割工具。

早期的玻璃艺术

人类手工制作出来的第一件玻璃制品更像是一个意外。科学家猜测，它是在烧制罐子的过程中产生的。出土的玻璃文物显示，早在公元前 3500 年的近东地区就出现了玻璃制品。但是自此又经历了漫长的 2000 年，玻璃生产业才得以兴起。大约在公元前 1500 年，希腊、埃及和中国出现了第一批玻璃花瓶、器皿和珠子。

最主要的角色：沙子

玻璃最主要的成分是沙子，更确切地说是石英砂。再加入碳酸钠、白云岩、石膏、石灰，原本不透明的原料就变成了透明的玻璃。但是如果只是简单地将这五种物质混合在一起，那么根本什么也不会发生。要想生成玻璃还需要一个重要的因素——高温。

进炉

每天，载重汽车或运货车不断地驶入玻璃厂，把大量的沙子卸在那里。以同样方式运过来的还有其他原料。所有原料都储存在这里。按照玻璃种类和颜色的不同，工人们精确地测量好各个组成成分的重量，然后将它们充分混合，再将混合物送进一个巨大的熔炉。有些工厂里的熔炉甚至有露天游泳池那么大。熔炉内的温度高得惊人，大约可达 1500℃。在这样的高温下，原料混合物在几分钟之内就熔成了黏稠状物质，这就是玻璃溶液。

109

拉，浇，吹

玻璃的成形方法有拉、浇或吹。具体采用哪种技术取决于玻璃的种类。平滑的窗玻璃和圆鼓鼓、五光十色的花瓶的制作工艺就各不相同。

塑形

玻璃溶液顺着管道流进加工车间。炙热的液体在加工车间被分成小份儿，因为制作一个水杯只需要少量的玻璃。就像你在家里用剪刀将煮熟的意大利面剪断一样，工人们在加工车间也会用剪刀把玻璃束等长剪断，落入铸模。为了玻璃能够更好地塑形，工人们还会往模具里吹气。这样制出来的玻璃杯才能保证各个地方厚度均匀。

110

我要把你吹走!

每一个玻璃杯在进入包装站之前，都要再次接受检验。由计算机来检验它是否有材料不均和裂缝现象。计算机一旦发现有瑕疵的玻璃杯，就会释放出气流直接把瑕疵产品吹下流水线。

不急，不急

当玻璃杯从模具中取出时，温度还很高，而且烫得发红。接下来玻璃在经过长长的传输通道过程中慢慢冷却。如果玻璃的温差骤变，那么玻璃内部的张力升高，玻璃就会碎掉。冷却下来的玻璃杯进入包装站，连同其他的玻璃杯一起装箱，准备运走。有些玻璃杯还需要进行特殊的处理，比如染色、印花或雕刻。

玻璃打磨师在给玻璃杯添加装饰

全部手工制作

你仔细观察过玻璃吹制工人的工作吗？与工厂的工人一样，他可以用相同的基础材料制作出玻璃制品。但是他制作的每一个玻璃杯都是一次性完成的。吹制工具是一个长长的吹管，叫作玻璃吹管。取一块玻璃溶液，边旋转边用吹管塑形，一个玻璃杯就这样完成了。当然要想顺利地吹制出玻璃杯需要常年的练习。

111

新还是旧？都可以！

在制作新玻璃杯时也可以用到旧的玻璃杯。把废旧玻璃一同放入熔炉里，这样玻璃熔化的速度会更快。

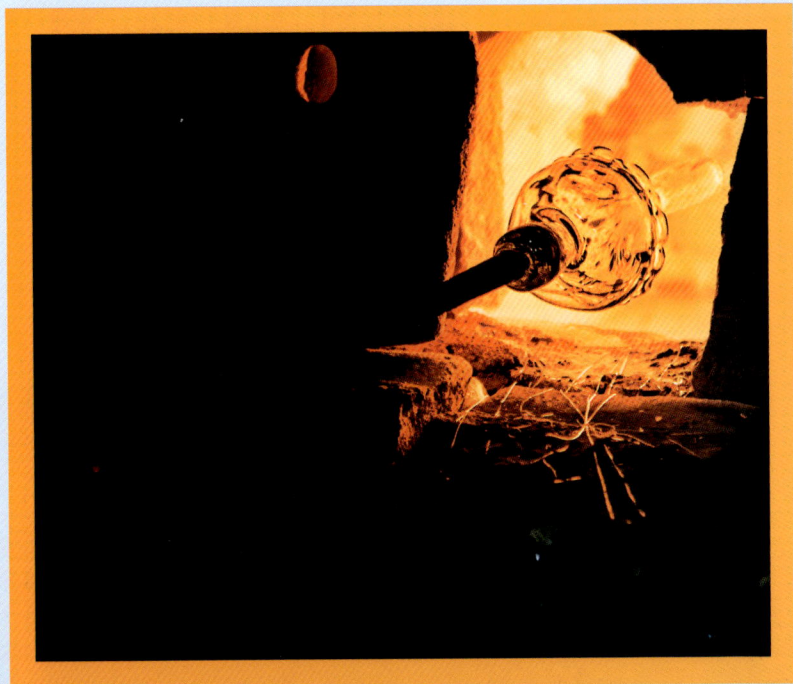

以玻璃制玻璃

你在家里一定是垃圾分类的小能手，你会把不用的玻璃杯扔到旧玻璃收集箱。那么你知道吗？这些旧玻璃还会变成新的玻璃杯和玻璃瓶。收集到的玻璃垃圾被载重汽车送入工厂后，还要经过二次分类：混在玻璃中的金属块用磁铁挑出；重量较轻的杂物用强大的气流吹出；塑料制品则由工人手工挑出。然后将剩余的玻璃打碎、清洗，放在熔炉里高温熔炼。熔成的玻璃水用于制作新的玻璃杯和玻璃瓶。

止咳糖浆里都有什么？

晚上，你咳嗽得几乎无法入眠。第二天早上，妈妈立刻带你去药店买了一瓶止咳糖浆。你按照说明定期地服用了止咳糖浆，慢慢地感觉自己有了好转。但这是为什么呢？

用手捂住口鼻？

你在咳嗽的时候，有没有被告知要用手捂住口鼻？这完全是出于好意，但并不正确。因为如果这样的话，所有的病原体都被咳到了你的手上。当你与他人握手或者你在握门把手的时候，就把我们肉眼看不见的病原体传播了出去。所以更好的做法是把头埋在臂弯里咳嗽。这个方法同样适用于打喷嚏。

112

什么是咳嗽？

当你感冒的时候，你会咳嗽。咳嗽是身体给你发出的信号，告诉你它现在不太好。那么咳嗽是怎样发生的呢？咳嗽通常是呼吸道黏膜，大多数情况下是支气管黏膜发炎引起的。当呼吸道黏膜上的痰液过多时，呼吸道就发生了堵塞，于是身体开始进行自我防护。它试图用咳嗽的方式把痰液清除出去。在这个过程中，膈膜被迅速拉到一起，空气被爆破性地喷出。当咳嗽缓解一些的时候，你就把痰液咳出来。你不要嫌它恶心，痰液被咳出来是件好事。

干咳还是湿咳？

咳嗽可能会很顽固。你患感冒已经很长时间了，一直都在咳嗽，但是很少有痰咳出。如果痰液化解，能够被咳出，那么情况又会不一样。因为这是两种完全不同的咳嗽类型，需要用到的药也不同。所以药剂师会先询问你的症状，然后才对症下药，给你找来或者制作出合适的药。

药用植物

你认识的许多植物都有治病的功效，这对你来说肯定已经不是新知识了。在13000年前的新石器时代，人们就开始收集植物的种子和根来制作药材。在纸发明出来之后，修士和修女就把药方写在纸上，慢慢地产生了第一部有关药用植物的书籍。有些修道院里还专门开辟了花园来种植药草。有些草药不仅可以治病，还可以用来煮饭。

对缓解咳嗽有帮助的草药

百里香有缓解痉挛的功效，茴香和茴芹有助于化痰。漱口时可以使用鼠尾草，因为它对于缓解吞咽困难很有帮助，而且可以提高机体对于病菌的抵抗力。接骨木草也有这样的功效。另外，母菊可以用来缓解疼痛。

113

糖浆、茶，还是糖果？

在德国，你能够找到许多有助于缓解咳嗽的药用植物，多达 50 种之多。但是配制方法却并不多样。尽管如此，你和药剂师还是要做一个决定，看看是要把它们做成糖浆、茶，还是糖果的样式呢？但是无论形式有怎样的不同，这些药物的共同点就是其中包含着能够缓解你疼痛的草药。

生长在路边

许多药草，比如母菊，就生长在路边。走在乡下，你会发现田边生长着许多野生植物。采摘的时候你要确定，这些植物完全没有被废气或其他有害物质污染，回家彻底清洗之后就可以食用了。

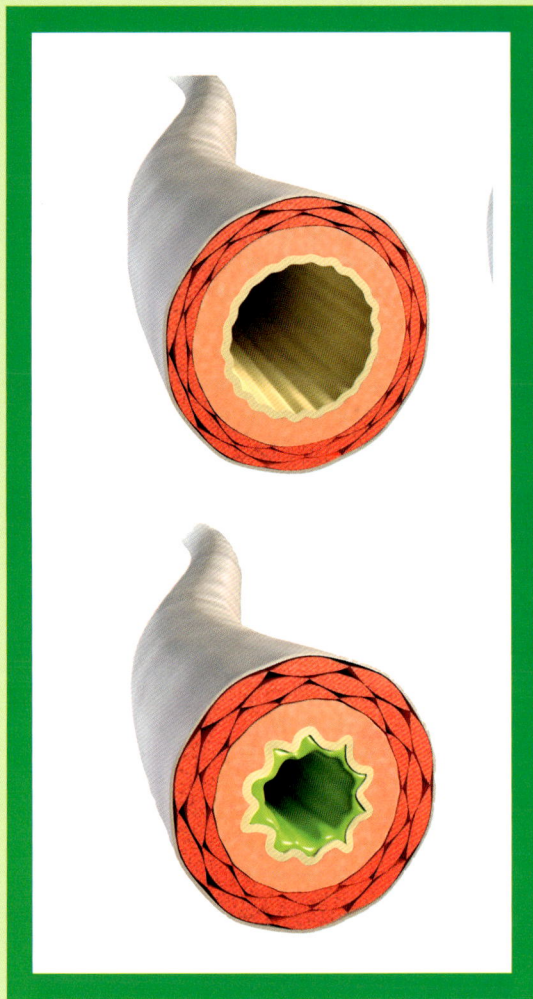

114

正常状态下的支气管（上图）和发了炎的支气管（下图）

药草的种植和收割

药草通常在田间播种和培育。药草的种植工作与我们自己家的花园很相似，并不用像在广阔的耕地里劳作时那样，还要借助于大型机器。药草最好在阳光明媚的日子里收割，因为药草必须在干燥的情况下加工。根据药草的种类不同，人们可能会用到植物的花、茎、叶、种子或者根来制药。它们都有一个共同点，那就是需要干燥和磨碎后方可使用。

在药店

许多药物都是由大型医药公司生产的。这些公司的主要工作就是研制和生产药品。医药公司把生产出来的药品供应给药品批发商，批发商再卖给药店，这样我们就可以在药店买到需要的药品了。但是也有一些药品是在药店里生产的，比如只有少数顾客需要的药膏，或者用少量花销和配料就能生产出来的药品。你的止咳糖浆可能就是药剂师在草药经销商那里购买了所需要的草药后，自己在药店里配制出来的。

水和茶，大口喝！

你咳嗽的时候一定要多喝水。白开水、茶或是加了蜂蜜的热牛奶都会让你感觉很舒服。但是只喝一杯是不够的，每天要喝大约 2 升水。这些液体可以使堵在呼吸道的黏液变稀，那么你就可以更快地摆脱它以及包裹在其中的病原体。

115

止咳糖浆——制作方法简单便捷

药剂师用一定剂量的草药，比如鼠尾草和百里香，就能配制出止咳糖浆。像煮茶一样熬煮这些草药，然后将叶片过滤掉，在剩下的汤汁中加入适量的糖，继续熬煮一段时间，再次过滤，就可以装瓶了。然后在瓶子上贴上标签放在药店里销售，标签上写着糖浆的配料和服用说明。此外，还有许多药膏也是药剂师自己生产的。

蜡烛的蜡是从哪里来的？

家家户户都会有蜡烛，你们家也一定有。蜡烛的形状各异：茶杯蜡烛、树墩蜡烛、浮水蜡烛、烛台或者圣诞树上的蜡烛。除形状各异外，颜色和芳香也各不相同。那么蜡烛是用什么做的呢？

用蜂蜡制作的蜡烛价格昂贵，只有富人才承担得起。直到 19 世纪，人们成功地从油脂中提取出甘油硬脂酸酯，用石油提炼出了石蜡，蜡烛才变得便宜起来，而且由于气味变好而更受欢迎。

悠久的历史

蜡烛已经有几千年的历史了。古罗马人用油脂、柏油和蜡制作出了蜡烛。在中世纪的教堂和修道院中，主要使用的是价值极高的蜂蜡制作的蜡烛。

116

来自屠宰场的烛光

你知道吗？在甘油硬脂酸酯和石蜡出现之前，大部分的蜡烛都是用油脂制作的。在屠宰场熬煮牛羊下水时会产生大量油脂，将液体油脂过滤、清洗，冷却之后就得到了固体油脂。然后塑形、加灯芯，蜡烛就做好了。

臭臭的蜡烛

你可以想象一下熬煮大量牲畜下水会是什么样的气味，熬煮出来的油脂散发着恶臭，所以制作出来的蜡烛味道也可想而知。而且灯芯燃烧时会产生黑烟，必须定期剪短，过去人们把这叫作剪烛花。用这样的蜡烛照明完全无舒适感可言！

芳香的蜂蜡

毫无疑问，教堂更喜欢用蜂蜡来做蜡烛。当然，他们也能支付得起这样昂贵的原材料。蜂蜡是蜜蜂分泌出来建造蜂房的，蜂蜡分泌于蜜蜂身体下侧的腺体内。蜜蜂把蜂蜡挤压出来，用来一个一个地建造蜂房里的巢室。蜂蜡的味道很好，因为蜂蜡与蜂蜜和花粉有过长时间的接触。

"采集"蜂蜡

养蜂人从蜂箱中取出蜂房，把蜂蜜倒出来，然后熬煮蜂房来获取蜂蜡。蜂房上的脏东西，还有其他成分会沉入锅底。液体蜂蜡悬浮在表面，便于撇出。将获取的蜂蜡再次加热、净化，就可以用来制作蜡烛了。蜂蜡质软，用手就可以揉捏塑形。

117

甘油硬脂酸酯是什么?

甘油硬脂酸酯是多种脂肪酸的混合物。这个名字来源于希腊语,甘油在希腊语中就是油脂的意思。除了牛脂和猪脂之外,植物脂肪也可以用来制作蜡烛,如棕榈油。与早先的油脂蜡烛不同,甘油蜡烛不会发出臭味,而且蜡烛燃烧时也不会发出黑烟。所以下次购买蜡烛的时候注意一下哪个蜡烛是用甘油做的吧!

用油棕的果实制作蜡烛

所有蜡烛都有灯芯

大多数的灯芯都由棉线编织而成。编好的棉线还要经过化学处理,以使你在吹灭蜡烛时,灯芯不会再继续燃烧。蜡烛和灯芯必须相互匹配。粗的蜡烛需要粗的灯芯,细的蜡烛需要细的灯芯,这样蜡烛才能更好地燃烧。

118

用黑色的石油制作多彩的蜡烛

现在,你在商店里买到的大多数蜡烛都是用石蜡制成的。石蜡是加热原油所产生的物质。原本黑色的原油被净化,并用特殊方法加工直到产生白色无味的产物,即石蜡。用石蜡制成的蜡烛燃烧得温和均匀,而且生产成本低。许多生产商将石蜡和甘油混合制蜡,因为石蜡比甘油的熔点更低一些。用石蜡和甘油混合物制成的蜡烛更坚硬。

如何把蜡变成蜡烛

把原材料蜡变成蜡烛有很多不同的方式。可拉、可压、可浇、可捏，也可以模具塑形。

浸制蜡烛

在浸制的过程中，蜡烛围绕着灯芯不断变大。你可以把它想象成一棵大树的年轮。一条长长的灯芯搭在两个滚轮的上方，滚轮下方放置着盛满液体蜡的大盆。随着滚轮的转动，灯芯浸入盆中，就一圈一圈地粘上了蜡。粘满蜡的灯芯离开装有蜡的盆子时冷却下来，下一圈再重新浸入液体蜡。这样蜡烛就不断变粗，最后形成一条长长的蜡烛束，然后再将蜡烛束切成小段出售。另外一种可能就是把灯芯挂在支架上，然后将其浸入液体蜡中制作蜡烛。

压制蜡烛

茶灯和树墩蜡都是压制出来的蜡烛。制作方法简单、成本低廉。用高强度的压力压制石蜡粉，原本松散的石蜡颗粒就会结合成人们想要的形状，事后再压入灯芯。

浇制蜡烛

学会了浇制方法，你在家里也可以制作蜡烛。你只需要一个模具，一根灯芯，还有液体蜡。把灯芯悬挂在模具上，然后倒入液体蜡。液体蜡冷却之后变硬，蜡烛就做好了，你就可以用它来照明了。

浇制蜡烛

我的枕头为什么如此柔软？

睡觉之前，你总是拍拍你的枕头。这样，枕头就会变得蓬松和暖和，然后你将头深深地陷在里面。你祖母的床上肯定也有这样一只柔软的大枕头。但是你知道吗？在你祖母小的时候，在乡下，枕头都是人们自己填充的。那么枕头究竟是如何填充的，都要填充些什么呢？

羽毛代替皮毛

120

现在，你睡觉的时候都会盖一床被子，否则会感觉很冷。因此你就能够理解，为什么人类过去会躺在厚厚的草褥下睡觉，后来发展为用动物的皮毛、羊毛毯或者暖和的羽毛被来御寒了。如果让你选择，你或许会选择羽毛被，因为羽毛被很软、很轻，而且还很暖和。同样重视被子是否松软的古日耳曼人早就发现了它的优点。

鹅毛和鸭毛

枕头里的羽毛和绒毛来自鸭和鹅。羽毛有梗，较硬，所以通常会再混入绒毛制作成枕头的填充物。这种混合填充物比纯绒毛的填充物能更好地支撑住我们的头部。绒毛与羽毛的构造不同，它看上去更像是雪花，通风透气，而且很轻。鸟类的绒毛有绝缘的作用，正是由于这个特点，绒毛才更加成为制作被褥和枕头的首选材料。

脱了毛的家禽

为了获得羽毛和绒毛就必须给家禽拔毛。在家禽饲养场，家禽宰杀之后会直接送去拔毛。整个拔毛的过程是全自动化进行的，机器将羽毛拔掉后放在大袋子里备用。家禽的肉经过加工后，也会进入市场销售。

活禽拔毛

与屠宰后拔毛不同，还有一种获取羽毛的方式是活禽拔毛或手工拔毛，即在活着的家禽身上拔毛。但是如果不是在家禽的换毛期，即脱去旧毛，长出新毛的时期，那么活禽拔毛对于家禽来说是非常痛苦的。正是出于这个原因，活禽拔毛在欧洲被严令禁止。

121

白毛和灰毛

羽毛和绒毛被拔下来的时候可能不太干净，所以在运到羽绒厂之后还要进行清洗。工人们把羽绒放入巨大的清洗机中洗掉脏东西。洗净之后，再把羽毛放入房子那么大的干燥机里干燥，羽毛在机器里不断地滚动翻转，直到变干，且全部舒展开。经过清洗之后，羽毛的颜色变亮，但是灰颜色的毛不可能一下子变得雪白，不过没关系，因为羽毛的颜色并不重要，重要的是它有多软，有多暖。

吹枕套

你的枕头除了羽毛之外还需要枕套，否则房间里就会到处充斥着羽毛。枕套也是在工厂里制作的，原料是棉布或麻布。首先对布料进行测量、剪裁，然后将剪裁下来的布块缝成枕套，并留下一个开口。接下来将枕套翻转过来，使开口对准一个像吸尘器一样的机器。机器从一端吸入羽毛，再从另一端吹出，这样羽毛就直接进入了枕套。这比过去人们手工填充枕头快多了。不过在这个过程中羽毛一直在四处乱飞。

最后的工序

当枕头里的绒毛和羽毛达到标准量时，就要把开口密封。检验合格之后，人们将枕头从工厂运往商店，顾客们已经在那里等候多时，准备买一个舒适的枕头回家呢。

十足的奢侈品

绒鸭绒是一种很珍贵的绒毛，产自绒鸭。孵蛋的时候，绒鸭会拔掉胸前的绒毛铺在窝里，来帮助鸭蛋抵御严寒。当小鸭子孵出来后，就不再需要巢里的填充物。这时人们就可以来收集绒毛，但是决不允许在鸭蛋孵化期间偷取巢里的绒毛。

122

绒毛为什么能够保暖？

绒毛不是平滑的。如果你仔细观察就会发现，绒毛像你的毛绒玩具或玩具汽车一样是三维立体的，由成千上万个相互附着的绒毛丝组成。一根绒毛可以拢住许多空气，形成的空气层能够给你带来温暖。然而绒毛的好处还不止这些，比如你可以随心所欲地挤压它，它都能恢复到原来的形状。所以你在拍打你的枕头时，它总是能以最快的速度恢复原样。

无弯曲睡眠

你睡醒之后经常会感到颈部疼痛吗？那么你应该考虑换一个枕头了。特殊的颈部支撑枕可以保证你的脊柱笔直，没有弯曲。

没有羽绒会更好

有些人对羽毛过敏，因此不得不放弃使用羽绒枕，转而使用人工合成填充物的枕头。这类枕头用人造合成物代替羽毛和绒毛来填充枕套。这种材料透气性强、质量轻，而且可机洗。此外，像羊毛和驼绒毛这样的天然材料也可以作为枕头填充物，和你的羽绒枕一样可塑形，但通常不能水洗。

123

肥皂是用什么做的?

你每天都会使用很多次肥皂。拧紧自行车上的螺丝后、手上沾了黏糊糊的东西、吃饭之前，你都会用肥皂洗洗手。肥皂存在于每一个浴室，每一间厨房，而且形式多样，或块状或液体。那么肥皂里有什么，是怎样做成的呢？

一个罗马传说

传说，古罗马妇女喜欢在 Sapo（该词在拉丁语中就是肥皂的意思）山脚下的台伯河（Tiber River）里洗衣服。在那里洗过的衣服特别干净。这是因为，当地人在山上宰杀并焚烧牲畜来祭天，大雨把动物的油脂连同灰烬一起冲刷到山下的河流里，并在那里形成了肥皂沫，于是衣服就洗得更干净了。

124

真正的肥皂史

罗马人不是第一个发现油脂和灰烬混合物有清洁功效的人。肥皂最早发现于东方,最古老的肥皂配方出于苏美尔人之手。配方距今已有约4500年的历史,是用凿子以楔形文字凿于石壁上的。许多民族,如埃及人、希腊人和罗马人都生产过肥皂,但是很长时间以来,肥皂只是用于清洗衣物或者作为治疗药物。肥皂曾经是一种奢侈品。直到19世纪末,肥皂才被应用到日常清洗身体、脸和双手中,就像你每天做的那样。

肥皂配方

苏美尔人把草木灰和油脂混合在一起,阿拉伯人把油脂和碱液放在一起煮。直到今天,肥皂的生产方法也没有多大的改变。肥皂的主要成分是油脂。你在家里可以找到油脂。植物油脂有棕榈油、橄榄油、椰子油和葵花油。动物油脂有羊脂或牛脂。除了油脂之外还需要碱液,也就是一种盐。过去,人们会使用碳酸钾或小苏打,现在的肥皂生产多会使用氢氧化钠溶液或苛性钠溶液。将碱液和油脂混合着盐水一起熬煮就能生成肥皂。

熬制肥皂

将油脂、碱液和盐水同时放入一口大锅里熬煮时,三种物质就会发生反应。人们将这种化学反应称为皂化。在这个过程中,油脂分解为丙三醇和脂肪酸。脂肪酸遇碱就会变成肥皂。

钾碱

过去的钾碱皆提炼于草木灰。将草木灰放入水中熬煮,然后将水溶液倒入大锅里加热。水分蒸发后,留下来的白色粉末就是钾碱。它的化学名称是碳酸钾。

125

肥皂厂

工厂里制作肥皂也是将所有配料放入大锅中煮。但是这口锅可比你家里煮饭的锅大多了。在熬煮的过程中肥皂不断浓缩，逐渐变稠。工厂里会有一名"肥皂厨师"负责检查锅里的混合物是否已达到合格的黏稠度，即坚硬度。一段时间之后，液体表面就形成了一层黏稠物，这就是皂基。

从乳木果提炼出来的乳木果油可以用来制作香气十足的肥皂

126

皂基

熬煮出来的皂基就是用于制作肥皂的原料，其实用它就可以洗手了。但是皂基摸上去还很油腻，看起来更像是浅色的泥巴，所以还不能出售。

从液态到固态

为了使肥皂成块出售，还必须将其放入罐子里干燥。当水分蒸发之后，剩余的物质再刨成薄片。整个过程都由机器来完成，刨片机运作起来就像是一台绞肉机，将肥皂从洞口压出后直接用旋转刀片将其切断。旋转刀片看上去就像是飞机的涡轮。

为什么会有香味?

你见过皂基吗?它既不是五颜六色的,也不会散发出香味。但是为什么我们平时见到的肥皂都是有香味的呢?那是因为肥皂原液里又加入了香料、色素和护理液,将它们充分搅匀、揉捏,然后干燥、切片,肥皂就有了颜色和香味。

连绵不绝的肥皂

有了颜色和香味的肥皂开始进入生产线,长长的肥皂条从传送带的一端持续不断地送来,看上去就像是一根巨大的香肠。肥皂被喷嘴按住,被刀片切割成块,然后放入模具塑形。有时还会刻上公司的名字或者刻一幅画。全部完成之后,肥皂随着传送带进入包装站。工人们把肥皂装入盒子或包上包装纸,以备运往商店销售。

如何去污

你已经知道了,肥皂由油脂和草木灰组成。那么你也许会问,它是如何把你那油腻腻的小手变干净的呢?奥妙就在于肥皂具有能够溶解油脂的特殊性质。所以你能够用水轻而易举地把它洗掉。而且,肥皂沫也有助于清洁污渍,冒着泡的水分子在污渍与皮肤之间滑行,脏东西就更容易脱落了。

127

妈妈香水里的玫瑰香是从哪里来的？

你在春天和夏天一定闻到过花园里的花香。铃兰、玫瑰、风信子和丁香都会散发出诱人的香气。此外，一些调料和香草，比如胡椒薄荷、薰衣草、胡椒、香子兰等也有着非常特别的香味。人们用它们的香味能够制作香水。那么香气是如何进入瓶子里的呢？

香水
（Per fumum）

过去，人们经常焚烧香料，为了用这芬芳的气味向神明表示敬意。香水（Parfürm）一词就来源于拉丁语的 "per fumum"。它的意思是 "穿透烟雾"。

散发着香味的埃及人

古埃及人早就知道如何用水果和香料来获取香气。5000 多年前，他们就用茴芹、迷迭香、薄荷、百里香和柠檬制作出了香水和香膏。人们用这些名贵的香料祭拜上帝，或者陪伴亡灵去往下一个世界。直到后来，活着的人才开始往自己身上洒香水。14 世纪时，香料传到了欧洲。在很长一段时间内，人们只是用它来遮盖身上不好的气味。

128

香水的制作方法

用于提炼香水的原材料有很多种，比如水果、花朵、植物的根，以及香料。提炼方法也各不相同，比如利用水蒸气或冷油脂、热油脂萃取，也可以通过碾压或酒精浸泡的方式获得。因为大部分的方法都需要花费很长的时间，所以香水非常昂贵，为了降低成本，现在的许多香水都是化学合成的。

蒸出香气

利用水蒸气可以提炼花香，专业人士将这种方法称为蒸馏法。对水进行长时间加热，直到蒸汽上升，将植物的花朵或其他散发香味的部位悬挂于水蒸气之上。在高温水蒸气的作用下，植物中的芳香油被溶解。当水蒸气冷却，重新变成水时，芳香油就漂浮在表面，提取出来就可以制成香水了。

放入冷油脂中提取

花香也可以用冷油脂来提取，专业概念叫作"油脂离析法"。将花瓣展开铺在冷的猪脂或牛脂上，但是注意不能接触到油脂本身。否则花瓣长时间待在上面，其中的芳香物质会被油脂全部吸收。花瓣用过之后就要换新的。直到上面充满带有香味的物质，再用酒精把香精油萃取出来。

129

在热油脂里沐浴

用热油脂也同样可以提取出花瓣中的芳香物质。香水师把这种方法称为"离析"。离析时使用的油脂也是气味中性的动物油脂，但是在这种方法下油脂要被加热到50℃至70℃。这比我们喝的热茶再热一点，但是远没有达到开水的热度。遵循合适的温度是很重要的，因为过高的温度会破坏花瓣中的芳香物质。

130

昂贵的香水

用冷油脂或热油脂提炼的香水非常奢侈和昂贵。因此许多香水都是在实验室里用人工香料混合而成的。

换花瓣

花瓣不能长时间无止境地使用。这一点你或许已经深有体会，因为采摘下来的鲜花也有不再散发香味的时候。因此人们把花瓣放入油脂煮沸，小心过滤掉之后，就要重新放入新鲜的花瓣。直到油脂中的芳香物质饱和时，再用酒精置换出来。

混合物

　　大多数的香水中 80% 的成分是酒精。其余的成分是蒸馏水和香精。香精的含量越高，香水的质量越高，价钱也越贵。比如淡香精（Eau de Parfum）中的香精含量为 20%，而淡香水（Eau de Toilette）中的香精含量只有 9%。

压制香水

芳香油也可以用挤压果子（比如柑橘）的方法获得。油被吸附出来后，再进行加工。你可以用橙子或柠檬尝试一下。轻轻地挤压一下水果。你手指上染上的香味能够持续多久？

131

前调、中调和尾调

大部分的香水都由多种不同的香气组成。香水师有一个艰巨的任务，就是用这些香气混合出上好的香水。香水如果接触到了皮肤，气味就会改变。专业人士将这称为不同的香调：前调、中调和尾调。前调是当你接触到香水时首先嗅到的，之后就是中调了。尾调就是我们平时所说的"余香"，香味在几个小时之后还会留在皮肤上。

我的衣服

　　你会编织、钩织，或者缝纫吗？你知道织一条围巾或一件上衣需要哪些步骤吗？如果你知道了制作一件衣服或一件首饰的基本原料是什么，你可能就会知道完成它们需要哪些步骤了。那么问题接踵而来，原料又从哪儿来的，需要如何加工呢？在你试穿新衣服、新鞋，试戴新首饰之前，让我们先来探究一下棉花、丝绸和银矿的家乡在哪里吧！

我的T恤衫是用什么做的?

5 件，7 件，12 件? 蓝色、绿色，或者红色? 带字的，还是带图案的? 你的衣柜里到底有多少件 T 恤衫，都是什么样子的呢? 长袖的，还是短袖的? 如果你没有 T 恤衫的话，你会穿什么? 这一刻你意识到：T 恤衫已经成为你生活中不可或缺的一部分。那么这么重要的衣服究竟是用什么做的呢?

棉花

如果你看一眼 T 恤衫的标签就会发现它的主要成分是纤维，更确切地说是棉花纤维。也许标签上会写着 Cotton，这是棉花的英文名称。棉花是一种植物，用来制作 T 恤衫的棉花纤维来自棉籽上的茸毛。

环游世界

棉花在变成你的 T 恤衫之前，几乎穿越了整个地球。比如在美国播种和采摘的棉花，会运往孟加拉进行清洗和纺线。有时候纺成的线还要继续运往下一个加工地点进行裁剪和缝纫。接下来装船运往欧洲，再转陆路，由载重汽车送往商店。所以在衣服到达你手里之前，肯定已经去过比你更多的国家了。

134

你的 T 恤衫 "长" 在哪里？

棉花多种植在亚洲。巴基斯坦、中国和印度是最主要的棉花种植地。此外，美国东部也有棉花的种植基地。棉花喜温、喜阳，而且需要充足的水分。棉花的种子播种到地里，然后用土壤覆盖，大约一周以后就会有绿油油的小嫩芽破土而出。六月和八月是棉花开花的时节。花朵授粉之后，就会结出棉铃。

田地里的 "爆米花"

棉花成熟的时候，棉铃就会绽开。你可以把它想象成玉米变成爆米花的过程。棉铃里涌出的白色棉絮就是纤维丝。棉花必须在干燥的情况下采摘。而且采摘工作可能会持续几周的时间，因为并不是所有的植株都能在同一时间成熟。所以采摘工人往往需要在同一片田地里劳作三到四次。

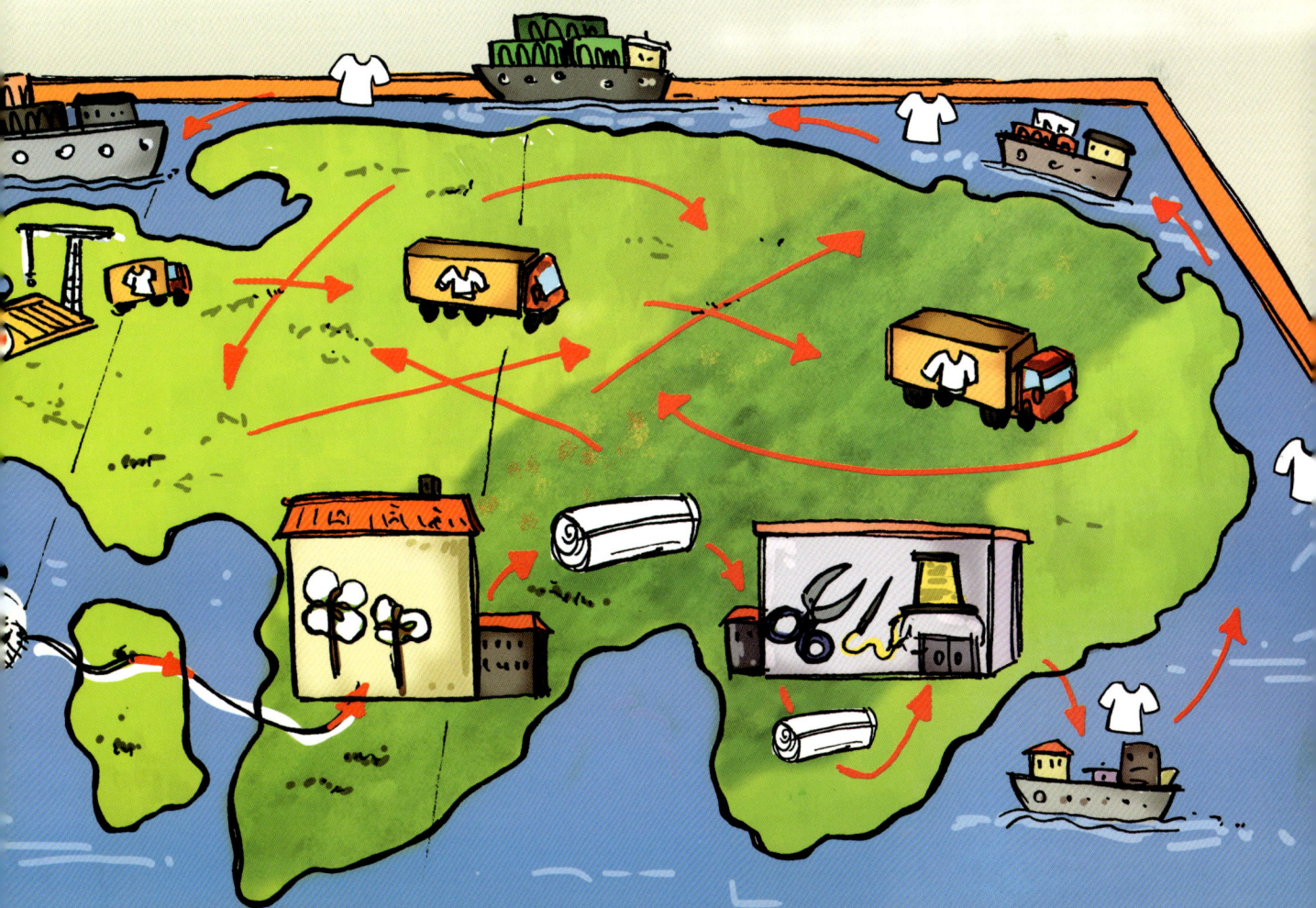

手工还是机械？

棉花可以手工采摘或机械化采摘。在经济并不发达的国家大多采用手工采摘的方式。机械产生的费用太高，人工费用相对低廉。

135

136　没有小颗粒才会柔软

刚刚采摘下来的棉花纤维里还有一些小颗粒，需要用机器筛选出来。专业人士将这一过程称为轧棉。筛选出来的小颗粒其实就是棉花的种子，可以加工成油脂或肥皂。没有了小颗粒的棉花变得非常柔软，人们将其压成捆，然后装入麻袋，运往纺织厂。

编，织，钩

棉花在工厂里加工成衣料的过程，与你在家中用毛线织毛衣或钩毛衣的过程是一样的。只不过在工厂里是用机器来编织，所以工厂加工衣料的速度要比你快。

纺织厂

压实的棉花捆需要用机器来打开。然后将棉花团打碎成小份，再清洗，去除残留的叶片或铃壳。接下来对棉花进行梳理，也就是使所有纤维平行对齐。梳理工作由机器进行，棉花纤维会被纺成长线，缠绕成束。这时，棉花看上去就与你平时看到的线团很相像了，只不过要大得多。

上色

棉花是白色的。如果你的 T 恤衫只有这一种颜色，那就太单调了。因此还需要给棉花染色，红、蓝、黄——任何颜色都可以。织出来的布料也可以印上图案。把布料缠绕在刻有图案或沾有染料的滚筒上，滚筒滚动，布料就有了颜色和图案。染过色的布料会被送入裁剪车间。

只穿一件背心

你知道吗？ T 恤衫直到 20 世纪 60 年代才在德国流行起来。在此之前，人们在衬衫或毛衣里面只穿一件背心，它更像是一件内衣，从外面根本看不到。

137

使用针线

在缝合车间，机器将布料裁剪成 T 恤衫的各个组成部分。具体数量你看一下你的 T 恤衫就知道了。然后将各组成部分缝合在一起，在衣服的领子上再缝上标签，这件 T 恤衫就做好了。接下来打包，连同其他的 T 恤衫一起装入集装箱，用船运到欧洲。上岸卸载集装箱之后改陆路，由载重汽车运往服装批发商那里或者直接运往服装店。

我的橡胶鞋是用什么做的?

橡胶鞋实用、结实、易清洗,最重要的是防水。它不仅在孩子们中间,而且在大人们中间也很受欢迎。穿着它,你可以跳水坑,可以在海滩上蹚水或者在泥坑里玩泥巴。橡胶鞋看上去很不起眼,但是里面却蕴含着许多工作,橡胶鞋的原材料也来自很远的地方。

138

流泪的大树

橡胶鞋的原材料来源于橡胶树。橡胶树的大型种植园主要位于亚洲,比如泰国、印度和中国。但是最先使用橡胶树汁液的却是中南美洲的居民,即玛雅人。公元前 1600 年,玛雅人就开始用这种富有弹性的材料制作生活用品了。"橡胶树"一词的意思是"大树的眼泪"。它由印度语中"cao"和"ochu"引申而来,即"树木"和"眼泪"。

橡胶球和祭品

玛雅人用乳胶制作了许多物品:防水服、橡胶球、橡胶管和器皿,或者当作祭品献祭。玛雅人还用直接向脚上浇灌乳胶的方法制作出了第一双橡胶鞋。

从乳胶开始

或许你已经看到过人们如何从松树上获取松脂。从橡胶树上收集乳胶的方法与之非常相似。种植场的工人将刀刻入树干。然后就会有白色的汁液顺着倾斜放置的凹槽流出来，流入工人们事先挂在下面的桶里。因为橡胶树的汁液呈乳白色，因此人们称之为"乳胶"，或"胶乳"。

避免伤害

橡胶树树高可达 30 米，树围可达 1 米。如果细心对待，一棵橡胶树最长可产胶 30 年。所谓的细心对待就是指不要把橡胶树刻得太深，只允许刻入树皮，不能伤及树干内部。

从乳胶到橡胶

收集至桶内的乳胶要进行清洗，滤除混入其中的树皮颗粒和不干净的东西。洗净后放入大盆混入醋酸，就会产生厚厚的一层黏稠物，这就是生橡胶。生橡胶还要经过清洗、干燥，再辊压成薄片。然后将这些薄片像晾衣服一样挂在干燥室内，一天以后再摞列成捆。

环球之旅

接下来橡胶捆就会被运送到世界各地。这种天然的原材料很受欢迎，用它可以生产出许多产品。你随便在屋子里走几步就会发现大量的橡胶制品。门窗密封条、橡胶管、轮胎、橡胶手套、气球、海绵橡胶、橡皮，当然还有你的玩具皮球。

制鞋厂

生橡胶在变成橡胶鞋之前，在橡胶鞋厂经过了许多道工序。首先混入不同的配料，用大型混合机将橡胶、染色剂、硫黄和一些神秘的配料充分搅动混合。你可以把它想象成做蛋糕时搅动配料的场景。接下来用两个巨大的滚轮对混合物进行碾压，使其均匀摊开，在此过程中要保证不能留有气泡。

140

都是橡胶做的？

虽然有些物品以橡胶的名字命名，但实际上与乳胶制成的天然橡胶毫无关系。比如生产口香糖大多使用的是石油生产的聚合物。此外，现在大多数的橡胶鞋也都是塑料制品，因为这样的橡胶鞋价格更低廉，制作更便捷。但是对于汽车轮胎制造来说，由天然乳胶制成的橡胶仍然非常重要。目前，人们采集到的天然乳胶中70%均用于汽车制造。

冲压橡胶鞋

橡胶在辊压的过程中温度升高。为了使它不缩成最初的模样，必须迅速均匀地将其冷却。接下来用冷却好的橡胶裁剪出橡胶鞋的样式。一只简单的橡胶鞋却由 30 个部分组成，将这些部分按照正确的顺序组合起来。

拼接橡胶鞋

为了塑形，工人们通常会使用金属模具。模具的样子就是一只鞋。借助模具制作出橡胶鞋的里衬，然后像脱袜子一样，把它从模具上脱下来备用。里衬可以是厚厚的氯丁橡胶，也可以是薄薄的棉布。里衬的外层涂上液体乳胶，干燥，再用橡胶一块一块地粘出橡胶鞋外部。

烘烤橡胶鞋

为了橡胶鞋日后不会变形，还要对它进行烘烤，也就是专业人士说的硫化。将橡胶鞋放置在炉内，温度调至 140 摄氏度，再施以高强度的压力烘烤一小时以上。在这个过程中，覆盖在里衬外面的橡胶片就与里衬长合在一起，成为不可分割的整体。冷却之后还要给橡胶鞋上漆，让它看起来更漂亮。

141

爸爸的领带和蚕有什么关系？

丝绸很轻，而且很软。夏天凉爽，冬天保暖。丝绸可以用来做衣服，比如衬衫、内衣，还有丝绸毯子。过去，丝绸像金子一样珍贵。现在丝绸还是一样很昂贵，但是几乎在每一个家庭都能找到它的身影。看一眼你家里的针线包，也许在那里你能找到缝纫用的丝线。或者再到爸爸的衣柜里看看，也许你能找到用丝绸做的领带。

中国公主的发现

据传说，5000 年前，中国的公主西陵氏嫘祖在她的花园里看到胖胖的蚕虫在吃桑叶，她还在蚕的旁边发现了白色的茧。她把茧放入茶水里，发现白色的茧散成了细细的丝线。公主把细丝缠成了线团，就这样，她不仅发现了蚕的秘密，还在不久之后发明了纺丝艺术。

142

保密

中国人将生产丝绸的方法保密了 2000 多年。所以在很长一段时间内，中国都是唯一能够生产这种贵重布料的国家。为了销售丝绸，中国人开辟了绵延 10000 公里的丝绸之路，将丝绸从中国运往欧洲，并获得了巨大的利润。但是途中经常会出现商队被打劫，货品被抢走的事件。

蚕的出生

蚕蛾为灰白色，属鳞翅目，蚕蛾科，可产细丝。蚕蛾的幼虫叫桑蚕。刚从卵中孵化出来的蚕宝宝黑黑的，如大头针般大小，后来慢慢地才开始变成白色。

惊人的蜕变

蚕的生长速度极快，从蚕卵中孵化出来 30 至 40 天后即可发育成蛹。为此，它需要吐丝结茧。10 至 15 天后，羽化成为蚕蛾，破茧而出。人们把这样的发育过程叫作完全变态发育。蚕蛾破茧而出后只能存活几天，但是已足够产卵继续繁衍。这是一场巨大的牺牲，不是吗？

蜕皮

蚕的一生要蜕四次皮。因为它的生长速度极快，旧皮变紧，就需要更换新皮。对于你来说也一样，你的身体在长大，所以需要定期更换新衣服，因为原来的衣服对你来说已经太小了。

143

大胃王

蚕是大胃王。它从破壳开始，除了吃东西几乎什么都不干。而且蚕的胃口很大，它每天的进食量与它本身一样重。这你是绝对办不到的。它最喜欢吃的就是桑树的叶子。所以为了养蚕，人们会在种植园里种植大量的桑树。

饲养的困难

养蚕是一件很艰苦的工作。蚕一天之内需要喂食多次，因为蚕的胃口很大，你必须一筐一筐地提供桑叶。桑叶既不能潮湿也不能温度太高。总之蚕的要求也是很高的。

144

蚕吐丝的时候

蚕吐丝是为了做茧成蛹。蚕有两个丝腺。蚕在丝腺里生成一种液体，然后"吐"出两滴，这两滴液体像口香糖一样有弹性，凝固之后就变成了长纤维。丝线在空气中硬化就成了茧。蚕在吐丝的时候会转动身体，头部摇来摇去，这样，蚕向自己的周身吐丝，直到完全把自己包裹起来。

蚕丝还是蚕蛾？

人们只有在蛹未发育成蚕蛾的情况下才能获取蚕丝。因为如果允许蛹变态为成虫，自然地将茧溶解并钻出的话，茧就会被它破出洞，丝线将会变短，不能用于纺丝织绸，所以要在大部分的蚕蛹尚未破茧以前将蚕茧放入沸水中杀死，使得茧易于拆解。少数剩余的蚕蛹用来继续繁殖。

取丝

要对茧进行充分梳理才能找到蚕丝。每根蚕丝需要至少与另外四根蚕丝缠在一起，单用一根蚕丝纺线太细了。然后要把它们纺成粗一点的生蚕丝，就像把棉花纺成线团一样。过去这个工作都是手工完成的，现在则由纺织厂的大型机器来承担。

养蚕人在剔除"坏掉的"茧

145

功绩卓著

高质量的蚕丝能达到 1000 多米长。为此，一只蚕需要工作 4 到 5 天。

洗、织、染

生蚕丝先用皂液清洗变得光亮，然后纺线、染色，最后纺织成透气的衣料。

我的银耳环是从哪里来的？

你收到过首饰作为礼物吗？如果有，那么你一定知道用贵金属制成的首饰相当贵重，比时尚首饰贵得多。这究竟是为什么呢？是什么让你的银耳环如此贵重？

土地的宝藏

银是一种贵金属，这类金属对化学药品的抵抗力相当大，在一般条件下不易引起化学反应。开采金属银需要挖入地下深处，像开采金矿一样挖出矿井。直到今天，这项工作仍然非常危险和艰苦。

146

月亮金属

在新石器时代就出现了银制品。从那时起，人们开始在山里顺着矿脉挖掘隧道，开采这种价值连城的金属。古埃及人把它叫作"月亮金属"，或许是因为它会闪闪发光。用金属银可以打造硬币、容器和首饰。在欧洲，银的蕴藏量较多的地方位于雅典附近。德国的银蕴藏量也很丰富，德国自中世纪就开始了对银的开采。

财富和繁荣

许多城市都通过开采银矿而富裕起来，建造了富丽堂皇的宫殿和教堂，并用银质的艺术品来装饰这些建筑。

银来自哪里？

西班牙人自 16 世纪开始在墨西哥和南美洲开采金属银。直到今天，大多数的金属银都来自这一地区。虽然德国地下仍蕴藏着银，但是德国已不再开采，因为开采所产生的费用比直接购买还要高。银矿长什么样子？你可以实地去看看，因为许多当年的银矿山现已对外开放，供人们参观。

矿山上的孩子们

银矿的隧道很低，而且很窄，有时只有孩子才能通过。所以银矿上总是会有孩子工作的身影，大一点的孩子在隧道里工作，小一点的孩子就在地上操作捣矿机。他们的任务是捣碎石头，每天要工作 10 到 12 个小时。在一些贫穷的国家，直到现在还有一些孩子在矿山上工作。

藏起来的银

银并不是成块或成堆地躺在山里，要想从山里开采出金属银，需要花费很大的力气。银在大多数情况下都混在岩石或另一种金属之中，人们称这些岩石为矿石。过去，矿工们用锤子敲碎石头，然后将含有银矿石的碎石块放入燃烧炉，使其熔化成液体金属银。接下来将液体银浇灌到模子里塑形。现在，大部分的工作都由机械完成，使用化学药剂把金属银从岩石中滤出。

147

从矿石到纯银

铅矿石、铜矿石或银矿石中都可能含有金属银。我们可以通过化工或加热的方法把银从其他金属中分离出来，分离过程发生在银精炼厂。分离出来的银，再经过电解纯化，最终获得纯银。

不只是首饰

　　银不仅仅能加工成首饰，还可以用来制作一些特殊的膏药。此外，银还被应用在汽车工业和纺织工业中的水的净化处理环节。在航空工业中没有银也是不行的。

148

银矿石

耳环里有什么

银匠可以在银精炼厂买到用来制作首饰的金属银。金属银的形态各异，有银颗粒、银丝线或者银片，银匠可以买来再加工。除了银之外，要制作耳环还需要铜、锌、铂，或者金。为什么？因为纯银太软了，很容易产生划痕或者磨损，随着时间的流逝慢慢变细、变色，所以需要与其他金属相混合，这样首饰就会变得更加坚固，且不易褪色。

打造银制品

银匠可能会使用"925 银"来打造你的耳环。这是一种很常用的制作首饰的合金。该合金由 92.5% 的银和 7.5% 的铜组成。银制品一般是冷加工。原材料的形态，比如是颗粒还是丝线，决定着制作耳环需要采用哪些工序。

银匠的工具

银匠使用的许多工具你都会有似曾相识的感觉，可能在你家里就有。锤子、锉刀、锯、电钻、砂纸、焊铁和钳子。除此之外还需要一些模具来制作环形和球形的银制品，分别叫作环形模具和凸形模具。

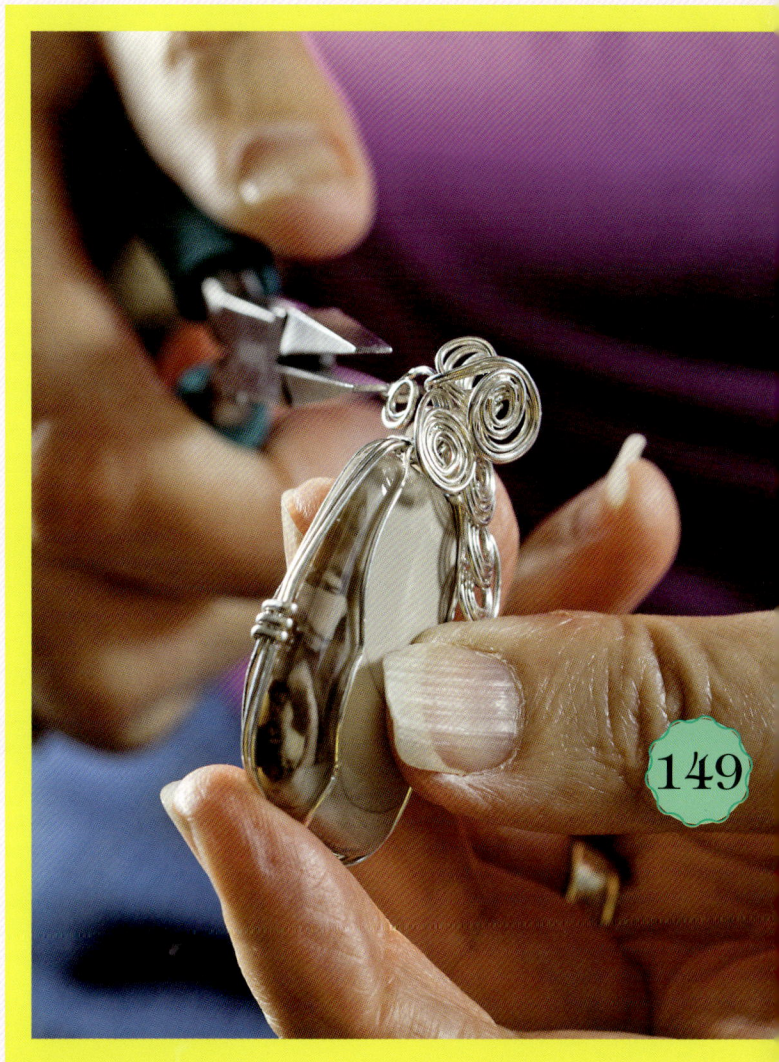

149

锤、焊、磨

银匠使用锻锤把银打造成想要的形状，再缀上宝石或木头等其他材料。另外，要想佩戴耳环就需要再给它加一个小钩或小细棍。银匠用银丝小心翼翼地将附件焊在耳环上。接下来打磨、清洗，有时还需上漆，以使其不易变色，这样，银耳环就做好了，然后你就可以在商品陈列柜中看到，并购买它们了。

银匠工作台一览

是谁把羊毛变成了我的围巾？

你—定喜欢在冬天戴一条毛绒绒的、暖和的围巾来抵御寒冷。制作围巾的材料有很多，可以是人工合成的粗呢，也可以是像棉花或羊毛这样的天然材料。但是羊毛围巾可能会让我们感觉皮肤瘙痒哟！当然了，也不尽然，高质量的羊毛围巾就既轻又软，又不会发痒。在羊毛变成你的围巾之前，小羊可要吃很多很多草才行呢！

从野羊到家畜

在5000年前，羊主要是野生动物。那时的羊看上去可能与你在动物园里看到的欧洲盘羊很相似，因为现今的家畜绵羊起源于亚美尼亚盘羊。亚美尼亚盘羊当时的生活区域从匈牙利经过南德一直延伸到地中海。人类直到采取了定居生活并饲养家畜时，才开始对羊毛加以利用，在此之前人们只知道食用羊肉和使用羊皮。羊是最古老的家畜之一。

肉用羊还是毛用羊？

羊的种类繁多，比如黑色、白色和棕色的，有角或没有角的。但是你知道吗？羊还有肉用羊和毛用羊之分。饲养两种羊的目的不同，我们从名字上就能分辨出，肉用羊可以给我们提供很多的羊肉，而从毛用羊身上则可以获取很多羊毛。

羊的饲养

自大约公元前3世纪起，欧洲开始使用羊毛，但具体时间已经无法考证，因为羊毛是一种有机材料，一段时间之后就会腐烂。如果说当时人们已经学会了用动物的皮毛当作遮盖物来抵御严寒，那么据此推断，彼时人们已经有能力用羊毛来制作保暖的衣服了。羊毛可以像亚麻纤维一样用来纺织衣物，但是要比亚麻更保暖。为了满足对羊毛日益增长的需求，人们便开始了对羊的饲养。

软羊毛和硬羊毛

如果你看到过放羊，那么你一定会注意到羊肚子上和屁股上的毛很脏，而且全部纠缠在一起。所以上等的羊毛都取自羊的背部和身体的两侧。其中上层的羊毛粗糙且坚硬，下层的羊毛则很柔软。所以做衣服的羊毛都是用下层的羊毛加工而成的。

绵羊饲养场

你几乎在世界各地都能找到绵羊。过去，欧洲的绵羊饲养地主要集中在西班牙和英国。而今天，最大的绵羊饲养场坐落于澳大利亚和新西兰。大多数的羊毛都产自那里。

151

剪羊毛

152

早春时节，你可能会在牧羊场看到"光秃秃的"绵羊，那是因为它们被剪了羊毛，就像你会定期到理发店理发一样，只不过羊毛生长的速度更快些。一个好的剪羊毛师傅能够在三分钟之内剃光一只羊身上的羊毛，而他只需要一台电动剪毛机。将绵羊的屁股对着机器，机器从绵羊肚子上的毛开始剪起，然后是背部的毛，再到腿上的毛。即使剪羊毛时的动作幅度很大，绵羊也不会感到疼痛。

羊毛的旅行

将羊毛压成捆，根据颜色和质量先进行预选，然后羊毛就踏上了旅程。一部分羊毛被拍卖，一部分羊毛被运往工厂或纺织厂。

分类和清洗

羊毛通常按照颜色和质量来分类。将肚子和屁股上的脏羊毛和打了结的羊毛挑出来，然后将剩余的羊毛打松、分开，去除残留在其中的干草、秸秆和其他脏东西。大型的牧羊场会把羊毛送入清洗车间，羊毛在完全清洗干净之前需要经过6到8个清洗工序。

梳理羊毛

直到这时所有的羊毛纤维还是相互交织在一起的，所以在纺织前要对羊毛进行细致的梳理，就像我们每天要梳理自己的头发一样。工厂里有羊毛梳理机，机器上有许多滚轴，滚轴上又安装着许多小钉子，羊毛经过转动的滚轴，里面的脏东西就被剔除出来。这样得到的羊毛不仅干净，而且非常光滑平整，所有的纤维都朝着一个方向。

羊毛梳理机

羊毛脂

羊毛的脂肪丰富。多亏这些脂肪，羊儿在雨天也能躲在羊毛下保持干燥。但是制作围巾不需要这些油脂，因此首先要洗掉油脂。羊毛里的油脂就叫作羊毛脂，它会被用于化妆品工业，比如可以用来生产润唇膏。

纺织和编织

梳理成束的羊毛叠放在一起，专业人士将它们称为毛条。毛条在纺织车间里被纺成长线，相互交织在一起，然后卷成线团就可以销售给商店了。你可以在商店里把这些毛线买回家织围巾。如果你没有兴趣自己织，那么你可以干脆买一条织好的围巾。羊毛围巾是否会造成皮肤瘙痒，取决于羊毛的种类和对羊毛的处理。比如从美利奴细毛羊身上获得的美利奴羊毛就非常柔软，完全不会让你有刺痛感。因此，这种羊毛也会稍贵一些。

153

趣味问答

1. 拼接块是什么?
- a）帽盒
- b）足球上的五边形和六边形
- c）一种木质外壳

2. 盐场是什么?
- a）一种甘草糖
- b）一种止咳药
- c）一处能够获得盐的场所

6. 蔬菜垛是什么?
- a）刺猬的藏身处
- b）高高的一堆甜菜
- c）土豆储藏室

7. 以下哪种植物的树干是假干?
- a）香蕉树
- b）茶树
- c）向日葵

154

3. 瓦斯科·达·伽马是谁?
- a）一位葡萄牙航海家
- b）一位胡椒粉商贩
- c）一位画家

8. 奶牛要想产奶就必须……
- a）吃草
- b）生小牛犊
- c）待在牛棚里

4. 蜂箱是什么?
- a）狐狸的膳食
- b）被蜜蜂蜇到后出现的肿块
- c）蜜蜂居住的箱子

9. 矿泉水形成于……
- a）江河湖泊里
- b）瓶子里
- c）地下深处的岩石层里

5. 什么树又被称为"油树"?
- a）核桃树
- b）橄榄树
- c）椰子树

10. 输油管是什么?
- a）一条管道
- b）一种特殊的笛子
- c）一条弯曲的线

11. 当地人如何称呼椰子树?

a）生命之树

b）硬果子树

c）高树干树

12. 制作鞣酸铁墨水最重要的配料是?

a）铁

b）蓝色颜料

c）五倍子

13. 如何对要砍伐的树做标记?

a）用绳索

b）用刻痕

c）用喷溅的点或线

14. 用板蓝根能够染什么颜色?

a）蓝色

b）红色

c）绿色

15. 纸币是用什么做的?

a）莎草纸

b）羊皮纸

c）棉花

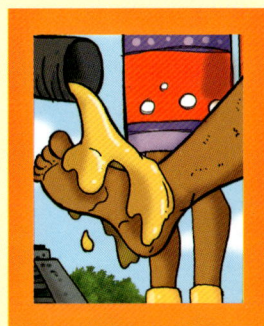

16. 石膏可以在哪里开采?

a）地上和地下

b）只在地上

c）只在地下

17. 要制作软木塞，就要对软橡木进行……

a）砍伐

b）剥皮

c）焚烧

18. 玻璃的主要成分是什么?

a）碳酸钠

b）沙子

c）石灰

19. 中调是什么?

a）一个高音符

b）一种纸币

c）一种香水的香气度

155

20. 蚕吃什么?

a）桑树叶

b）甲壳虫和蜘蛛

c）果子

21. 橡胶树树汁的另一个名字是什么?

a）酸奶

b）橡胶

c）乳胶

答案

1b, 2c, 3a, 4c, 5b, 6b, 7a, 8b, 9c, 10a, 11a, 12c, 13c, 14a, 15c, 16a, 17b, 18b, 19c, 20a, 21c

德国经典知识大百科系列（共2册）

　　这套书是为了满足小读者们旺盛、宝贵的好奇心而倾心打造的。小读者通过本系列图书可以了解天文地理的奥秘；接触大自然的知识宝库，与动植物交朋友；领略人类文化与文明之美；感受日新月异的高科技时代。也可以了解他们在日常生活中接触到的事物都来自于哪里，用什么材料制成，经过了怎样的工序，走过了怎样的旅程才来到他们的身边。一切看似理所当然的事物原来都蕴含着无比复杂的工作，孩子们知晓之后，一定会更加珍惜自己所拥有的东西。

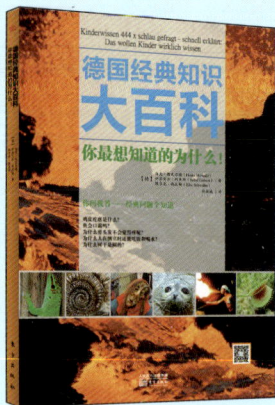

德国经典知识大百科：你最想知道的为什么！

德国经典知识大百科：它们都是怎么来的？

德国经典少儿百科全书（彩绘版）（共5册）

　　这套百科全书分别介绍了宇宙起源、宇宙发展、宇宙演变；地球构造、地容地貌、地球特点；人体进化、身体构造、各个器官；恐龙起源、恐龙种类、恐龙灭绝；昆虫、鸟类、哺乳动物。书中以细腻的图画、简练的描述，带领小朋友们在知识中畅游。

德国经典少儿百科全书（彩绘版）：
动物都在忙什么？

德国经典少儿百科全书（彩绘版）：
人体知识讲什么？

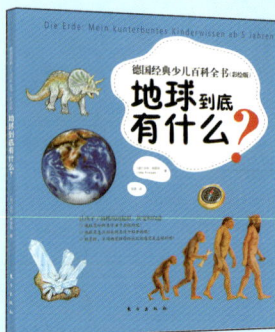

德国经典少儿百科全书（彩绘版）：
地球到底有什么？

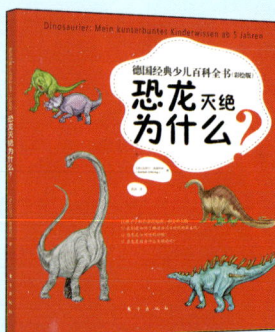

德国经典少儿百科全书（彩绘版）：
恐龙灭绝为什么？

德国经典少儿百科全书（彩绘版）：
宇宙究竟是什么？